시사원정대 선정 경제 키워드 26
경제가 뭐니? 머니?

경제가 뭐니? 머니? : 시사원정대 선정 경제 키워드 26

초판 2쇄 발행 2025년 5월 20일

지은이 심소희, 조윤진   **그린이** 동아이지에듀
펴낸이 정혜숙   **펴낸곳** 마음이음

책임편집 이금정   **디자인** 디자인서가
등록 2016년 4월 5일(제2016-000005호)
주소 03925 서울시 마포구 월드컵북로 402, 9층 917A호(상암동 KGIT센터)
전화 070-7570-8869   **전자우편** ieum2016@hanmail.net
블로그 https://blog.naver.com/ieum2018   **인스타그램** @mindbridge_publisher

ISBN 979-11-92183-77-0 73320
     979-11-960132-3-3 (세트)

ⓒ 동아이지에듀 2024

*이 책의 내용은 저작권법의 보호를 받는 저작물이므로 무단전재와 복제를 금합니다.

어린이제품안전특별법에 의한 제품표시
제조자명 마음이음   **제조국명** 대한민국   **사용연령** 10세 이상 어린이 제품
KC마크는 이 제품이 공통안전기준에 적합하였음을 의미합니다.

시사원정대 선정 **경제 키워드 26**

경제가 뭐니? 머니?

글 심소희, 조윤진 | 그림 동아이지에듀

마음이음

차례

1부 뉴스가 들리는 **경제 상식 키워드**

- 잡힐 듯 잡히지 않는 **물가** ... 10
- 물가가 계속 오른다! **인플레이션** ... 18
- 이거 살래요! **수요** ... 26
- 이거 팔래요! **공급** ... 34
- 이것과 저것의 관계는? **대체재와 보완재** ... 42
- 짜고 치는 불공정 행위, **담합** ... 50
- 오르락내리락 **코인**이 뭐길래 ... 58
- 붐비는 **성수기**, 한적한 **비수기** ... 66
- 명절 용돈, **저축**해서 **이자** 받자 ... 74
- 반려동물을 기르면 **세금**을 내야 한다고? ... 82
- 하나만 주면 섭섭지? **원 플러스 원**에 숨은 비밀 ... 90
- 은근슬쩍 사게 만드는 **넛지**의 비밀 ... 98

2부 사회가 보이는 **최신 경제 키워드**

📝	**동네 생활권**이 뭐니?	108
📝	**레고 재테크**가 뭐니?	112
📝	**구독 경제**가 뭐니?	116
📝	**착한 노쇼**가 뭐니?	120
📝	**가심비**가 뭐니?	124
📝	**팬더스트리**가 뭐니?	128
📝	**유니콘 기업**이 뭐니?	132
📝	**소비기한**이 뭐니?	136
📝	**치킨게임**이 뭐니?	140
📝	**초고액 자산가**가 뭐니?	144
📝	**체리슈머**가 뭐니?	148
📝	**립스틱 효과**가 뭐니?	152
📝	**잘파세대**가 뭐니?	156
📝	**그린 스완**이 뭐니?	160

작가의 말

경제, 재밌고 쉽게 공부해 봐요!

어린이 독자 여러분, 안녕하세요.

동아일보교육법인에서 초중등 시사논술 월간지 「시사원정대」를 만드는 심소희, 조윤진 기자예요.

시사원정대의 경제 기사를 본 어린이 독자들이 하는 말이 있어요.

"경제도 재미있네요!"

어렵고 복잡해 보이는 경제 현상도 용어의 뜻을 알고, 우리 생활에 대입해 보면 쉽게 이해할 수 있다는 것이죠. 경제 용어의 의미를 하나씩 알아 가며 전체 흐름을 파악하는 과정이 꼭 퍼즐을 맞추는 것처럼 재미나게 느껴진다고 해요.

경제에 대한 이해가 부족하면 나중에 성인이 되어 본격적인 경제 활동을 할 때 우왕좌왕할 수 있기에 최근 들어 어린이 대상 경제 교육이 중요하게 여겨지고 있어요. 용돈을 받아 소비와 저축을 하는 등 일상생활에서 경제 활동을 이미 하고 있는 초등학생 때부터 첫 단추를 제대로 끼워 올바른 경제 학습을 해야 하는 이유예요.

『경제가 뭐니? 머니?』는 어린이들이 쉽고 재미있게 경제 개념과 현상을 이해하도록 도와주기 위해 출간되었어요. 매달 가장 중요하게 꼽히는 경제 개념과 현상을 소개한 시사원정대의 '리치북'과 '키워드가 머니'에 연재했던 핵심 경제 이슈를 최근 상황에 맞게 재정리했어요.

1부에서는 물가, 수요, 공급처럼 우리 생활과 관련이 있는 기초 경제 개념을 소개해요. '물가가 오른 건 어떻게 알지?'처럼 일상에서 궁금할 법한 '리치한 질문'을 던지고, 이에 대한 답변을 '리치한 대답'으로 명쾌하게 풀어내요. 각 주제 마지막 부분에 있는 '사고력 UP' 퀴즈를 통해 앞에서 배운 개념을 다시 한 번 복습할 수 있어요.

2부에서는 최신 시사 경제 이슈의 중요 키워드를 뽑고, 그 속에 담긴 경제 트렌드를 살펴봐요. 우크라이나 전쟁에서 새로운 기부 방식으로 화제가 된 '착한 노쇼', 아이돌과 스포츠에 열광하는 팬덤을 중심으로 번성한 산업인 '팬더스트리' 등 우리 사회를 떠들썩하게 만든 경제 현상을 콕콕 뽑아 소개해요.

이 책을 읽으며 용돈을 현명하게 저축하고 소비하는 습관을 기르고, 나아가 직접 돈을 벌고 투자하는 성숙한 경제 주체로 거듭나는 미래를 그려 보길 바라요.

어린이 여러분의 슬기로운 경제 생활을 응원하며
심소희, 조윤진 기자

1부

뉴스가 들리는
경제 상식 키워드

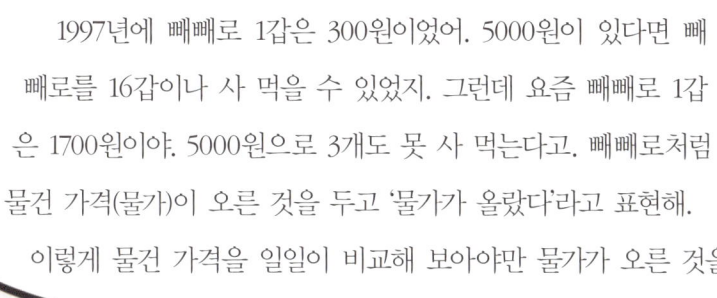

1997년에 빼빼로 1갑은 300원이었어. 5000원이 있다면 빼빼로를 16갑이나 사 먹을 수 있었지. 그런데 요즘 빼빼로 1갑은 1700원이야. 5000원으로 3개도 못 사 먹는다고. 빼빼로처럼 물건 가격(물가)이 오른 것을 두고 '물가가 올랐다'라고 표현해. 이렇게 물건 가격을 일일이 비교해 보아야만 물가가 오른 것을 알 수 있을까?

물가가 오른 건 어떻게 알지?

소비자물가지수는 어떻게 정하지?

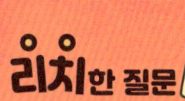

물가가 떨어졌다는데 나는 왜 오른 것 같지?

소비자물가지수를 보면 알 수 있어

소비자물가지수란?

  물가는 '물건 가격'이라는 뜻이야. 시장에서 거래되는 상품(물건)이나 서비스의 종합적인 가격을 의미하지. 물가지수는 이러한 물가의 움직임을 한눈에 알아볼 수 있도록 숫자로 나타낸 지표를 말해.

  특히 상품이나 서비스를 구입해서 사용하는 소비자들을 위한 물가지수를 '소비자물가지수'라고 해. 영어로는 Consumer(소비자) Price(물가) Index(지수), 줄여서 CPI라고 하지. 소비자물가시수를 비교하면 한 가구에서 구입하는 상품과 서비스의 가격이 어떻게 변하는지 알 수 있어.

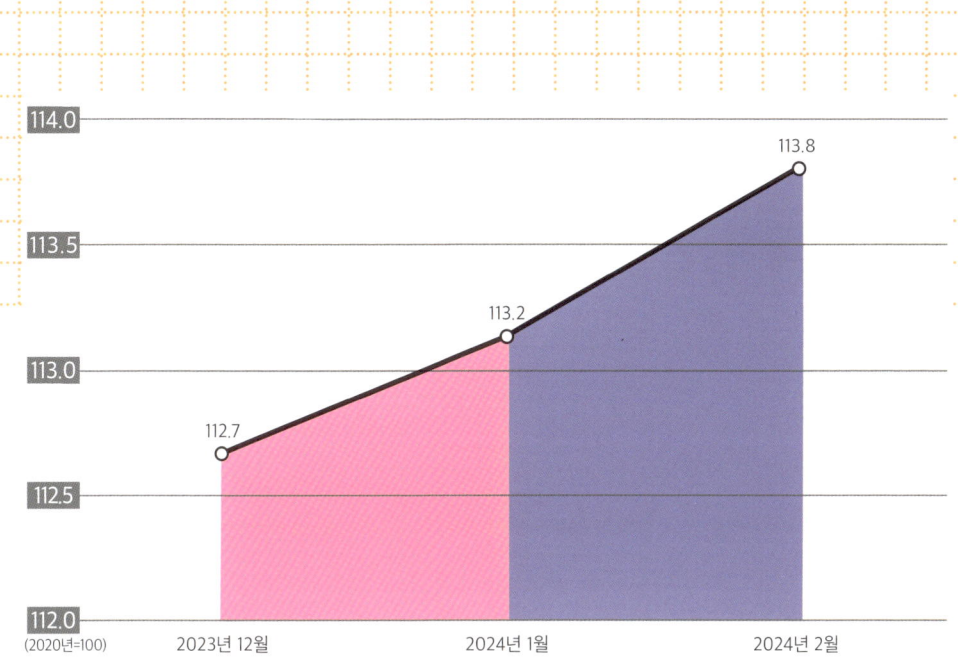

2023년 12월부터 변화된 소비자물가지수를 꺾은선그래프로 나타낸 거야. 숫자가 계속 커지지? 이 소비자물가지수는 2020년의 물가를 100으로 삼아서 지금의 물가 수준이 어느 정도인지 표시한 거야. 소비자물가지수의 숫자가 100보다 크면 물가가 오른 것으로, 100보다 작으면 내린 것으로 판단하면 돼.

2024년 2월 기준 우리나라의 월별 소비자물가지수는 100보다 13.8만큼 큰 113.8이야. 2020년 2월에 샀던 물건을 2024년 2월에 똑같이 산다면 내야 하는 돈이 13.8%만큼 더 필요하다는 뜻이야. 예를 들어 2020년 2월에 생필품을 사는 데 100만 원을 썼다면, 2024년 2월에는 같은 양의 생필품을 사는 데 13만 8000원이 더 든다는 뜻이지.

소비자물가지수를 정하는 대표 품목들

 소비자물가지수를 파악하기 위해 세상 모든 물건 가격을 일일이 조사할 수는 없겠지? 그래서 대표적인 40개 도시를 기준으로 삼고 그 도시 사람들이 많이 사는 물건과 서비스 458개 품목의 소비자 구입 가격을 바탕으로 정해. 소득세, 주식, 예술품, 주택 구입비 등 하루하루 먹고 사는 데 필요한 소비(소비 지출)로 보기 어려운 것은 소비자물가지수 품목에 포함되지 않아. 이들 품목의 수는 소비 형태의 변화를 반영하기 위해 5년마다 바뀌어.

<소비자물가지수 대표 품목>

분야	품목
식료품 및 비주류 음료	쌀, 라면, 스파게티면, 소고기, 닭고기, 우유, 감자, 고구마, 토마토, 초콜릿, 사탕, 아이스크림 등
의류 및 신발	학생복, 티셔츠, 청바지, 등산복, 실내화, 운동화, 양말, 모자, 의복 수선료, 의복 대여료 등
가정용품 및 가사 서비스	침대, 소파, 책상, 의자, 식탁, 싱크대, 전기밥솥, 냉장고, 세탁기, 컵, 프라이팬, 냄비, 가사 도우미료, 간병 도우미료 등
오락 및 문화	TV, 컴퓨터, 휴대용 멀티미디어 기기, 피아노, 장난감, 운동 용품, 반려동물 용품, 신문, 공책, 필기구 등
음식 및 숙박	김치찌개 백반, 된장찌개 백반, 설렁탕, 갈비탕, 냉면, 칼국수, 짜장면, 스테이크, 떡볶이, 햄버거, 피자 등

※ 이외에도 주류 및 담배, 보건, 교통, 기타 상품 및 서비스 부문에서 각각 품목이 정해진다.

피부로 느끼는 체감물가

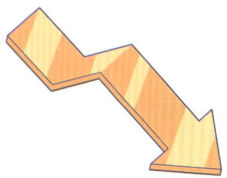

　소비자물가와 달리 일반 소비자들이 피부로 느끼는 물가를 '체감물가'라고 해. 일상생활에서 소비자들이 주관적으로 느끼는 물가라서 '장바구니 물가'라고도 부르지.

　사람마다 중점적으로 소비하는 물건이나 서비스가 다르기 때문에 체감물가도 사람마다 다를 수밖에 없어. 예를 들어 어린이에게는 자동차값보다 떡볶이값이 더 중요할 거야. 하지만 매일 자동차를 타고 출퇴근하는 직장인에게는 자동차값이 떡볶이값보다 중요하겠지?

　통계청은 체감물가와의 차이를 줄이기 위해서 소비자물가지수뿐 아니라 '생활물가지수'도 사용하고 있어. 소비자들이 자주 구입하는 쌀, 달걀, 배추 같은 기본 생필품을 중심으로 150여 개 품목만 따로 뽑아서 정한 물가지수이지.

1. 우리 집 물가 상승률 계산해 보기

통계청이 운영하는 '소비자물가지수' 홈페이지에서 우리 집의 물가 상승률을 계산해 봐. QR 코드를 찍으면 연결돼.

2. 나의 소비자물가 상승률 계산해 보기

한 달 동안 내가 주로 사용하는 상품과 서비스를 적고, 그 상품과 서비스의 가격이 한 달 단위로 어떻게 변하는지 조사해 봐.

품목	○○○○년 ○○월 가격	○○○○년 ○○월 가격	물가 변동
예) 공책	700원	900원	200원 오름

물가가 계속 오른다!
인플레이션

100조 짐바브웨 달러. 위키미디어 커먼즈 제공

 세계에서 '0이 가장 많이 붙은 지폐'는 무엇일까? 2008년 아프리카 짐바브웨에서 발행했던 100조 달러 지폐야. 100조라니! 0의 개수만 14개라고. 이 지폐 한 장만 있으면 무엇이든 살 수 있을 것 같은데……. 과연 그랬을까?

2019년 말부터 코로나19가 세계를 덮치면서 물가가 치솟았어. 우리나라는 자원이 부족해서 주로 외국에서 원자재(원료가 되는 재료)를 들여와서 제품을 만든 뒤 외국에 되팔지. 그런데 바이러스가 퍼져 나가는 것을 막기 위해 비행기와 배가 오가는 일이 줄면서 필요한 원자재를 외국에서 제때 들여올 수 없게 된 거야. 결국 원자재 가격뿐 아니라 물류 비용(물건을 옮기는 비용)도 오르면서 물건 가격이 계속 오르는 상황이 벌어졌어.

이렇게 지속적으로 물가가 오르는 현상을 '인플레이션(inflation)'이라고 해. 인플레이션이 발생하면 어떤 상황이 생기는지 알아보자.

리치한 질문 ①
인플레이션이 발생하면 돈의 가치는 어떻게 될까?

리치한 질문 ②
인플레이션이 발생하면 우리 생활은 어떻게 바뀔까?

짐바브웨에는 세상에서 가장 비싼 달걀이 있다?

    돈이 필요할 때마다 마음대로 찍어 내면 어떨까? 맛있는 음식을 사 먹고 싶을 때는 2만 원, 아이돌 콘서트 표를 사고 싶을 때는 10만 원, 이렇게 국민이 돈을 필요로 할 때마다 국가가 돈을 인쇄해서 나눠 주는 거야. 상상만 해도 행복하지? 그런데 이런 일이 실제로 생긴다면 최악의 인플레이션이 들이닥칠 거야.

    짐바브웨는 상상하기도 어려울 만큼 극단적인 인플레이션, 즉 초인플레이션(hyperinflation) 사태를 2008년에 맞닥뜨렸어. 1년간 물가 상승률은 무려 2억 3100만%였다고! 100원이었던 물건이 1년 사이 2억 3100만 원이 됐지. 세상에서 0이 가장 많이 붙은 100조 짐바브웨 달러로는 달걀을 겨우 3개밖에 사지 못했어. 어떻게 이런 일이 일어났을까?

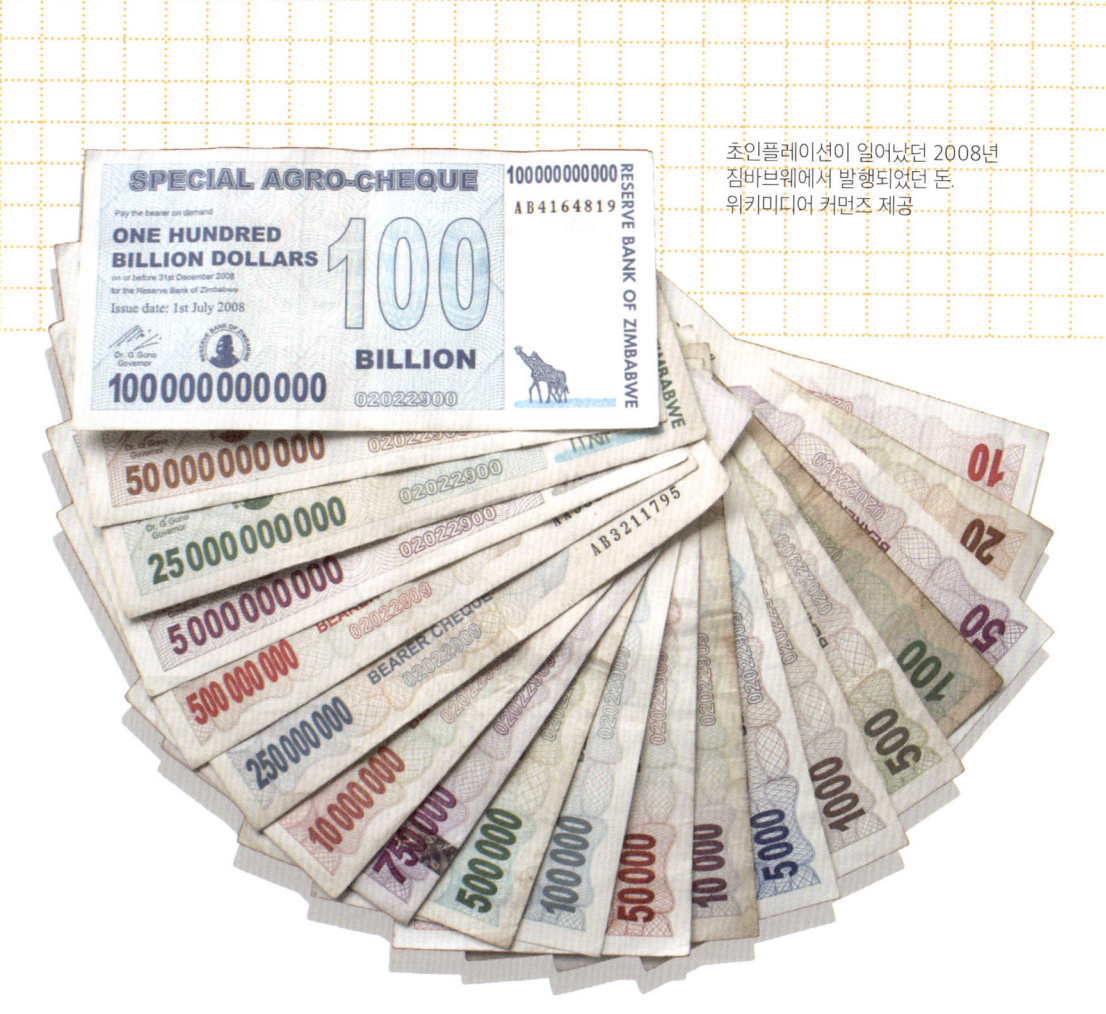

초인플레이션이 일어났던 2008년 짐바브웨에서 발행되었던 돈.
위키미디어 커먼즈 제공

통화량과 돈의 가치

누구나 돈이 많다면 원하는 것을 마음대로 사겠지? 하지만 물건 개수는 한정되어 있으니 값은 오를 거야. 결국 똑같은 물건 1개를 사는 데 더 많은 돈이 들게 돼.

짐바브웨에서 달걀 3개 값이 100조 짐바브웨 달러까지 치솟은 것도 짐바브웨 정부가 돈을 너무 많이 발행했기 때문이야. 통화량(한 나라에 돌아다니는 화폐량)이 지나치게 많아지자 물가가 치솟은 것이지.

즉, 돈의 발행량이 많아지면 물건값이 오르면서 인플레이션이 발생하게 돼. 돈은 많아졌지만 같은 돈으로 살 수 있는 물건 수가 줄면서 결국 돈의 가치가 떨어지지.

월급 직장인은 슬픔 ☹
사업자는 방긋 ☺

인플레이션과 돈의 가치

용돈 1만 원을 받았다고 해보자. 1000원짜리 과자 10개를 사 먹을 수 있겠지. 하지만 인플레이션이 계속되면 물가가 올라서 과자 1개가 2000원이 될 수 있어. 그렇다면 똑같은 용돈 1만 원으로 과자를 5개밖에 못 사 먹게 돼. 즉, 인플레이션 탓에 돈의 가치가 떨어져서 같은 돈으로 살 수 있는 물건 개수가 줄어드는 거야.

인플레이션이 계속되면 월급을 받는 직장인들의 주머니 사정도 어려워져. 물가는 오르는데 월급은 그만큼 오르지 않으니까. 인플레이션 발생 전처럼 물건을 사거나 외식을 하려면 더 많은 돈을 써야 해서 경제적 부담이 늘어나지.

인플레이션과 물건의 가치

인플레이션이 발생하면 돈과 달리 물건의 가치는 높아져. 똑같은 물건을 사는데도 더 비싼 값을 주어야 하기 때문이지. 똑같은 아파트 한 채나 금 한 덩어리를 사기 위해 이전보다 더 많은 돈을 줘야 하므로 건물, 땅, 금 같은 실물 자산(눈에 보이는 자산)의 가치도 올라가. 인플레이션이 발생하면 결국 현금보다는 실물 자산을 소유한 사람들이 더 큰 이익을 보게 되는 거지.

인플레이션이 발생하면 실물 자산인 아파트의 가치가 올라간다.

물건을 사는 소비자와 달리, 물건을 파는 판매자들도 단기적으로는 이익을 볼 수 있어. 이전보다 비싼 값에 물건을 팔 수 있기 때문이야. 하지만 인플레이션이 길어지면 소비자의 구매력이 줄고 원재룟값이나 물류 비용이 올라 결국 판매자들도 곤란을 겪게 돼.

누텔라를 살 수 없는 이유?

인플레이션이 발생하면 쉽게 즐기던 음식도 '희귀템(희귀한 아이템)'이 돼. 달고 진한 초콜릿 잼 '누텔라' 알지? 누텔라의 원재료는 헤이즐넛이야. 누텔라를 만드는 이탈리아의 회사 '페레로'는 주로 터키에서 생산된 헤이즐넛을 사서 누텔라를 만들어.

그런데 터키에서 헤이즐넛을 들여오지 못해 문제를 겪은 적이 있어. 헤이즐넛을 재배하여 포장하고 옮기는 데 드는 비용이 오르자 헤이즐넛을 생산하는 터키 농가가 줄줄이 파산했어. 결국 헤이즐넛을 제때 구하지 못한 페레로는 누텔라를 충분히 생산하지 못했고, 누텔라는 희귀템이 되어 사재기 대상이 됐지.

1. 화폐 가치 계산해 보기

통계청이 운영하는 '소비자물가지수' 홈페이지에서 물가에 따른 화폐 가치를 계산해 봐.

화폐 가치 알아보기
QR 코드

계산하러 가기~

2. 물가가 오랫동안 오르면 어떻게 될까?

인플레이션이 발생하면 옷을 만드는 비용이 어떻게 변할까? 인플레이션으로 목화를 재배하는 비용이 500원 오르고, 목화에서 뽑아낸 실을 엮어 만든 옷감값은 1700원 올랐다면 티셔츠 한 벌을 만드는 총 비용이 얼마나 오를지 빈칸에 써넣어 봐.

<티셔츠 한 벌을 만드는 데 들어가는 재료와 비용>

재료	2024년 3월 가격	2024년 4월 가격
목화	380원	(①)
옷감	1050원	(②)
바느질	5870원	5870원
로고	2700원	2700원
총 비용	10000원	(③)

※정답 : ①880원 ②2750원 ③12200원

이거 살래요! 수요

사고 싶은 것 목록

- ✓ 귀여운 일기장
- ✓ 노란색 형광펜
- ☐ 방탄청년단 굿즈
- ☐ 불타는 맛 떡볶이
- ☐ 친구 생일 선물

이것도 사고 싶고, 저것도 사고 싶고, 그것도 사고 싶고~!

"새해가 시작되면 새 일기장을 사야겠어."
"매운 음식이 당기니까 떡볶이를 사 먹어야지."
물건이나 서비스를 사려는 욕구를 '수요'라고 해.
수요량은 수요의 양, 즉 '사고 싶은 양'이지.
경제에서 수요를 파악하는 건 아주 중요해. 사람들이
무엇을 얼마만큼 사고 싶은지 알아야 필요한 물건이나
서비스를 만들어 낼 수 있거든.
시장 경제를 굴러가도록 만드는 중요한
핵심축, 수요에 대해 알아보자.

리치한 질문 1
화이트데이에 사탕을 많이 파는 이유는?

리치한 질문 2
값에 따라 수요가 변한다고?

화이트데이에는 사탕을 사려는 사람이 많아지니까 수요 UP

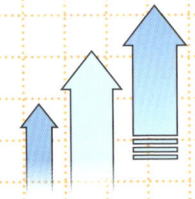

화이트데이가 다가오면 편의점 앞에 사탕 꾸러미가 수북이 진열되지. 왜 그럴까?

좋아하는 사람에게 사탕을 주면서 고백하는 날인만큼 사탕을 사려는 사람이 다른 때보다 많아지기 때문이야. 경제학의 관점에서 화이트데이는 '사탕의 수요가 커지는 날'이지.

이처럼 시기에 따라 수요는 달라지기도 해. 새 학기가 시작되는 3월 무렵에는 학용품이나 노트북을 사려는 사람이 많아지고, 여름이 시작되는 6월쯤에는 물놀이 용품이나 자외선 차단 화장품을 사려는 사람이 많아지지.

특별한 사건이 수요에 영향을 주는 경우도 있어. 예를 들어 한 연예인이 방송 프로그램에서 짜장면을 정말 맛있게 먹으면 이튿날 짜장면을 먹고 싶어 하는 사람이 갑자기 크게 늘기도 하지. 이처럼 무언가를 사려는 사람이 늘어나는 것을 '수요가 커진다', '수요가 늘어난다', '수요가 많아진다'라고 해.

늘기도, 줄기도, 그대로이기도 하는 수요의 변화

추운 북극에서 선풍기를 판다고 생각해 봐. 아니면 더운 사막 한복판에서 뜨거운 라면을 파는 거야. 과연 사려는 사람이 있을까? 이처럼 사려는 사람이 적은 경우를 '수요가 작다'라고 해.

코로나19 같은 호흡기 바이러스가 전 세계로 퍼졌을 때 해외여행에 대한 수요가 크게 줄었지. 이처럼 계절에 맞지 않거나 바이러스나 오염 물질처럼 사람에게 피해를 주는 상황이 벌어지면 특정 상품이나 서비스를 사려는 사람이 줄어들어. 그러나 쌀, 물, 휴지처럼 일상생활에서 자주 사용하거나 꼭 필요한 물건은 수요가 늘 비슷한 수준으로 유지되거나 크게 변하지 않지.

이해력 UP 다음 문장을 읽고 알맞은 단어를 골라 봐.

1. 붕어빵에 대한 수요가 가장 큰 계절은 [봄] [여름] [가을] [겨울] 이다.
2. 조류 독감 바이러스를 조심해야 한다는 뉴스가 나오면 치킨에 대한 수요는 [커질 것이다] [적어질 것이다] .
3. 쌀, 물, 휴지 같은 일상 용품에 대한 수요는 크게 [변하는 편이다] [변하지 않는 편이다] .

※정답 : 1.겨울 2.적어질 것이다 3.변하지 않는 편이다

수요는 계절, 특정 사건이나 상황에 영향을 받아. 그렇지만 수요에 가장 큰 영향을 미치는 것은 바로 가격이야.

가격이 비싸지면 수요는 보통 줄어들어. 1개에 1000원이었던 과자가 어느 날 갑자기 3000원으로 오르면 사려는 사람이 크게 줄어들 거야. 반대로 가격이 싸지면 수요는 보통 늘어나. 1개에 1만 원이었던 치킨을 어느 날 깜짝 할인 행사로 5000원에 팔면 이 치킨을 사려는 사람이 크게 늘겠지.

이처럼 가격에 따라 수요가 변하는 것을 '수요의 법칙'이라고 해.

비싸져도 수요가 늘어난다고?

빨간 날이 연달아 있는 연휴나 여름방학과 겨울방학에 비행기 탑승료가 더 비싼 이유는 뭘까? 연휴나 방학 때 비행기를 타고 놀러 가려는 사람이 많아지기 때문이지. 즉, 수요가 많아지면 값이 비싸지는 특징이 있어. 값이 웬만큼 올라도 사람들의 수요가 계속 유지되므로 값이 떨어지지 않지.

명품 가방이나 명품 시계 같은 사치품도 마찬가지야. 상품의 값이 하늘 높은 줄 모르고 솟아도 이 상품을 사려는 수요가 계속해서 높아지는 현상이 나타나. 이것을 유식한 말로 '베블런 효과'라고 해. 미국의 사회경제학자인 소스타인 베블런(1857~1929)이 쓴 책 『유한계급론』에서 값이 오르는 물건이라도 허영심이나 과시욕의 수단으로 삼으려는 사람들로 인해 높은 수요가 발생한다고 말한 데서 유래했지.

이해력 UP 다음 문장을 읽고 알맞은 단어를 골라 봐.

기후 위기의 심각성이 대두되면서 정부가 새로운 환경 정책을 발표했다. 정부는 종이컵이나 나무젓가락 같은 일회용품 값을 크게 올리고, 전기차나 수소차처럼 친환경 자동차를 사는 사람에게 지원금을 준다고 발표했다. 이때 일어나는 수요의 변화는?

→ 일회용품의 수요는 [늘어나고] [줄어들고]
  친환경 자동차의 수요는 [늘어난다] [줄어든다] .

※정답: 줄어들고, 늘어난다

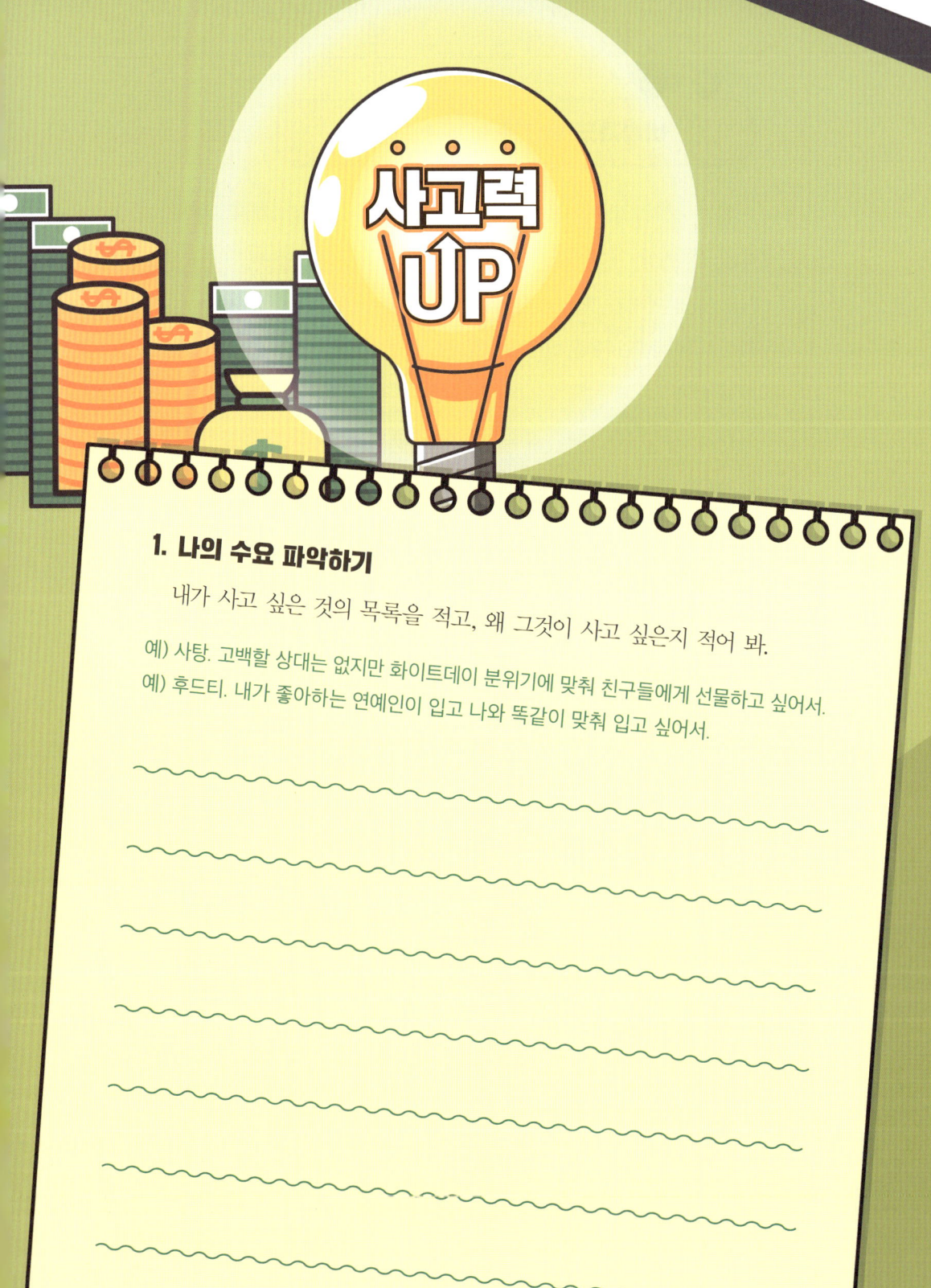

1. 나의 수요 파악하기

내가 사고 싶은 것의 목록을 적고, 왜 그것이 사고 싶은지 적어 봐.

예) 사탕. 고백할 상대는 없지만 화이트데이 분위기에 맞춰 친구들에게 선물하고 싶어서.
예) 후드티. 내가 좋아하는 연예인이 입고 나와 똑같이 맞춰 입고 싶어서.

2. 친구들의 수요 파악하기

새 학기에 친구들을 대상으로 바자회를 연다면 어떤 물건이 인기를 끌까? 수요가 높을 것으로 생각되는 물건을 쓰고 그 이유도 적어 봐.

물건	이유
예) 다양한 색깔이 나오는 펜	새 학기이므로 필기하는 데 필요한 학용품이 잘 팔릴 것 같다.

이거 팔래요! 공급

벚꽃이 흐드러지게 핀 길에 사람들이 몰려나왔어. 여기서 음료수 장사를 한다면 많이 팔리겠지? 그런데 음료수를 얼마만큼 만들어 팔아야 할까? 무조건 많이 만들면 될까?

물건이나 서비스를 팔려는 욕구를 '공급'이라고 해. 공급량은 '팔려는 양'이야. 공급량을 결정하려면 수요량, 즉 사려는 양을 고려해야 해. 남기지 않고 팔아야 손해를 입지 않으니까.

공급과 수요가 딱 맞아떨어지는 지점에서 물건과 서비스의 가격이 결정되고, 공급량과 수요량이 딱 맞는 지점에서 거래량이 결정되지.

수요와 함께 시장을 형성하는 또 하나의 축, 공급에 대해 알아보자.

리치한 질문 ① 봄에 공기 정화 식물을 많이 파는 이유는?

리치한 질문 ② 가격에 따라 공급도 달라진다고?

미세먼지가 심한 봄,
공기 정화 식물이 많이 팔리니까! 공급 UP

미세먼지를 없애는 식물을 사 볼까?

봄은 미세먼지가 심한 계절이야. 그래서 공기를 정화하는 기능이 있는 식물을 사려는 사람이 많아져. 사려는 욕구, 즉 수요가 많아지니까 팔려는 욕구, 즉 공급도 늘어나. 미세먼지가 심한 계절에는 공기 정화 식물이나 공기 청정기처럼 공기 오염을 줄여 주는 상품의 공급이 늘어나는 이유지.

수요처럼 공급도 시기에 따라 늘거나 줄어. 식목일이 다가오면 나무와 식물을 파는 곳이 늘어나고, 여름이 시작되는 6월에는 물놀이 용품이나 수영복을 파는 곳이 늘어나지.

　특별한 사건이 공급에 영향을 주는 경우도 있어. 넷플릭스 드라마 「오징어 게임」이 세계적인 인기를 끌었던 때를 떠올려 볼까? 당시 이 드라마에 나왔던 달고나가 인기를 끌자 달고나를 파는 가게가 여기저기 생겨났지. 이처럼 무언가를 팔려는 사람이 늘어나는 것을 '공급이 커진다', '공급이 늘어난다', '공급이 많아진다'라고 해.

　그럼 쌀, 물, 휴지처럼 일상생활에서 자주 사용하거나 꼭 필요한 물건은 어떤 영향을 받을까? 수요와 마찬가지로 공급이 늘 비슷한 수준으로 유지되거나 크게 변하지 않아.

이해력 UP

1. 여름을 앞둔 계절, 옷가게에서 준비하지 말아야 할 상품은 무엇일까?

① 민소매　② 반팔과 반바지　③ 두꺼운 털외투　④ 밝은 색깔의 긴팔

2. 여름방학이 다가오는 시기에 공급이 늘어날 것으로 보기 어려운 것은 무엇일까?

① 여행 상품　② 수영복　③ 선크림　④ 핫팩

※정답 : 1.③ 2.④

리치한 대답 ②

비쌀수록 공급 UP
쌀수록 공급 DOWN

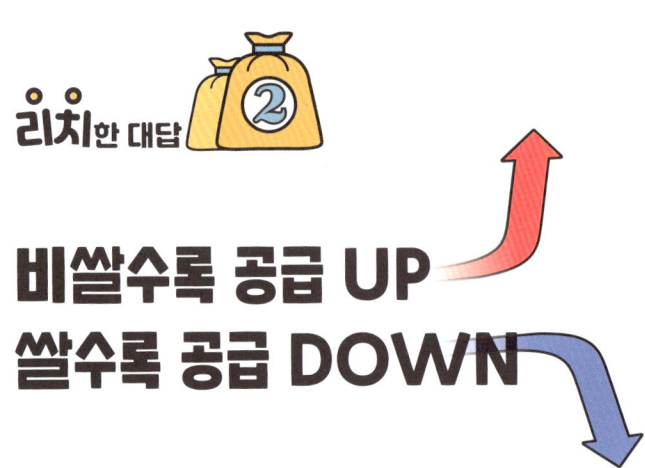

보통 수요는 값이 비싸지면 줄어들고, 반대로 값이 싸지면 늘어났지. 공급은 어떨까?

공급은 수요와 반대로 값이 비싸질수록 늘어나고, 싸질수록 줄어들어. 왜냐고? 사장님의 마음으로 생각해 봐. 물건값이 비싸다면 많이 팔수록 이익을 볼 테니 공급량을 늘릴 거야. 반대로 물건값이 싸진다면 많이 팔아 봐야 손해이니 공급량을 줄이겠지.

만약 2000원이었던 꿀감자 과자의 인기가 높아져서 사람들이 웃돈을 주고 5000원에 거래한다면 공급에 어떤 변화가 생길까? 꿀감자 과자를 만드는 회사는 부족한 꿀감자 과자를 만들기 위해 공급량을 늘릴 거야. 꿀감자 과자가 충분히 많아지면 웃돈을 주지 않고도 사 먹을 수 있으니 값이 다시 안정적으로 내려가겠지.

이처럼 가격에 따라 공급량이 변하는 것을 '공급의 법칙'이라고 해.

코로나19 감염자가 늘 때 정부가 자가진단키트의 온라인 공급을 중단한 이유

코로나19의 변이 바이러스가 퍼져 나가던 시절, 감염 여부를 간편하게 검사하는 자가진단키트의 수요가 늘어났어. 수요가 늘어나니 자가진단키트를 만들어 파는 공급 또한 늘어났지. 그러나 수요가 워낙 많아 공급은 여전히 부족한 상태였어. 이때 정부는 자가진단키트의 온라인 판매, 즉 온라인 공급을 중단했어. 가뜩이나 물량이 부족한데 왜 공급을 중단했을까?

온라인에서 자가진단키트를 지나치게 비싸게 팔았기 때문이야. 편의점이나 약국에서 보통 1세트에 8000~9000원이었던 자가진단키트는 온라인에서 2만 원이 넘는 값으로 팔렸어. 게다가 낱개로 팔지 않고 10~20개씩 세트로만 파는 곳도 있었지.

당시 정부는 가격을 관리하기 어려운 온라인 판매를 금지하는 대신 편의점과 약국에서의 판매만 허용했어. 또한 자가진단키트 판매 가격을 1개당 6000원으로 정하고, 한 사람이 한 번에 구입할 수 있는 수량도 5개로 제한했지. 자가진단키트 공급을 늘리는 대신 값을 일정하게 유지해서 공급을 안정적으로 조정하려고 한 거야.

유치원과 학교에 배부될 코로나19 자가진단키트를 점검하는 교육청 관계자. ⓒ뉴시스

사고력 UP

아래 일기를 읽고 수요에 따라 공급이 어떻게 변하는지, 또 수요와 공급의 변화에 따라 가격은 어떻게 달라지는지 정리해 봐.

4월 14일 목요일

오늘은 블랙데이다. 밸런타인데이와 화이트데이 때 초콜릿이나 사탕을 받지 못한 사람들이 짜장면을 먹는 날이라고 한다. 중국집 사장님에게 들으니 ①블랙데이에는 전반적으로 짜장면을 먹는 사람들이 많아진다고 한다. ②그래서 블랙데이 즈음에는 전보다 더 많은 짜장면을 만들려고 재료를 충분히 준비해 놓는다고 한다.

③짜장면을 먹는 사람이 많으니 8000원인 짜장면 가격을 1만 원으로 올리면 돈을 평소보다 더 많이 벌 수 있지 않을까? 사장님에게 아이디어를 이야기하니까 그럴 줄 알고 ④짜장면을 1만 원으로 올렸더니 손님이 뚝 끊겼다고 한다. 그래서 다시 짜장면 가격을 8000원으로 내릴 수밖에 없었다고.

몇 달 전에는 짜장면에 들어가는 양파값이 너무 올라서 양파를 조금밖에 못 샀다고 한다. 그래서 보통 ⑤하루에 40그릇 준비하던 짜장면을 20그릇밖에 준비하지 못했음에도 불구하고 40명이 몰려와서 짜장면값을 올렸다고 한다.

일기를 읽고 수요와 공급의 변화에 따라 가격은 어떻게 달라지는지 동그라미를 표시해 봐.

① 블랙데이에는 짜장면의 수요가 (늘어난다 | 줄어든다).

② 짜장면의 수요가 많으면 짜장면의 공급은 (늘어난다 | 줄어든다).

③ 수요가 많아지면 가격은 (싸진다 | 비싸진다).

④ 가격이 비싸지면 수요는 (늘어난다 | 줄어든다).

⑤ 수요가 그대로인데 짜장면 공급이 줄어들면 가격은 (싸진다 | 비싸진다).

※ 정답 : ① 늘어난다 ② 늘어난다 ③ 비싸진다 ④ 줄어든다 ⑤ 비싸진다

이것과 저것의 관계는?
대체재와 보완재

빵이 없다고? 그럼 케이크를 먹으면 되겠네.

"빵이 없다면 케이크를 먹으면 되지."

이 말은 프랑스 왕 루이 16세의 왕비 마리 앙투아네트의 사치를 드러내는 말로 잘 알려져 있어. 그런데 사실 이 말은 마리 앙투아네트가 아니라 프랑스의 철학자 장 자크 루소의 『고백록』에 나오는 구절이야. 빵조차 먹기 어려운 빈곤한 상황에서 "빵이 없으면 케이크를 먹어라."라고 말한 것은 세상 물정을 전혀 모르는 귀족의 어리석음을 드러내는 표현으로 쓰여 왔지.

하지만 오늘은 '빵 대신 케이크'라는 말에 주목해 보자. 이번에 공부할 중요한 경제 개념이 숨어 있거든.

"온라인 동영상 서비스(OTT)와
영화관, 둘은 대체재가 아닌 보완재."
"비대면 진료와 대면 진료, 둘은 대체재가 아닌 보완재."
경제 기사에서 쌍둥이처럼 함께 쓰이는 이 두 개념은 바로
대체재와 보완재야. 대체재는 서로 대신 쓸 수 있는 관계에 있는
두 가지의 물건을, 보완재는 서로 보완 관계에 있는 물건을 말해.
즉, '대체재 아닌 보완재'라는 표현은 한 물건을 다른 물건이
대신한다기보다는 서로를 보완하도록 함께
잘 사용해야 한다는 뜻이야.
어떤 물건들이 대체재와 보완재일까?

리치한 질문 1
이거 대신 저거를 사자!
대체재란?
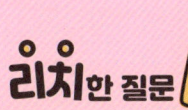

리치한 질문 2
이거를 사면 저것도 사자!
보완재란?

밥 대신 빵, 소고기 대신 돼지고기

대체재

친구들은 아침 식사로 밥을 먹어? 아니면 빵이나 시리얼을 먹어? 식사 때 밥 대신 먹을 수 있는 빵이나 시리얼을 밥의 대체재라고 불러. 대체재란 대신 사용할 수 있는 관계에 있는 물건을 말하지.

경제 분야에서는 쌀과 밀가루, 소고기와 돼지고기, 버터와 마가린 등이 대표적인 대체재야. 밥의 주재료인 쌀과 빵이나 국수를 만드는 주재료인 밀가루는 모두 한국인의 주된 식재료이자 대표적인 대체재 관계에 있지.

소고기와 돼지고기도 마찬가지야. "고기 먹고 싶다."라고 하면 보통 소고기나 돼지고기 중에 선택하잖아.

마가린은 애초에 버터를 대신하기 위해 만들어진 '인공 버터'야. 그래서 버터 대신 마가린을 사용하거나 마가린 대신 버터를 사용하지.

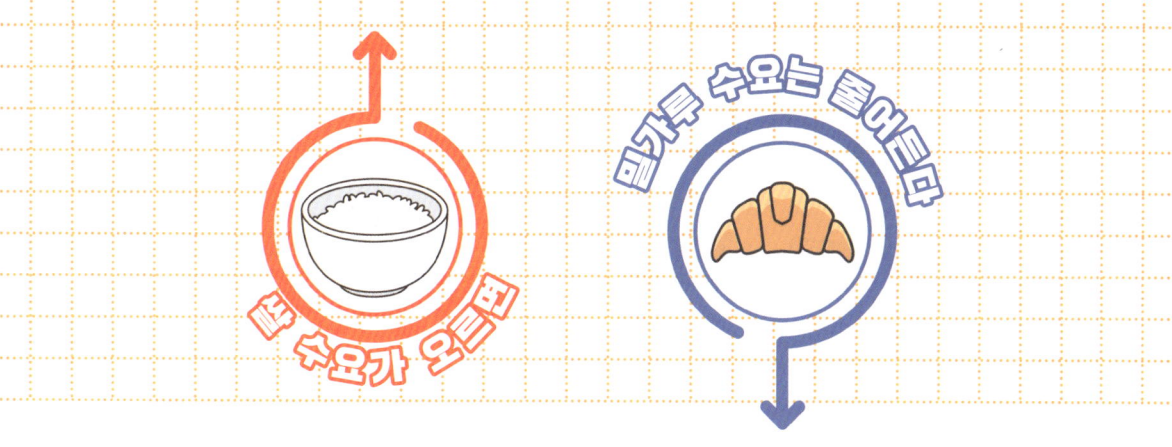

도대체 이런 관계를 파악하는 것이 왜 중요할까? 한 물건의 수요가 변하면 대체재 관계에 놓인 또 다른 물건의 수요도 변하기 때문이야.

쌀과 밀가루를 생각해 보자. 쌀값은 계속 오르는데 밀가루값은 비슷하다면 사람들은 비싼 쌀 대신 또 다른 주식의 재료인 밀가루를 더 많이 살 거야.

반대의 경우도 마찬가지야. 마가린값이 싸지고 버터값은 비싸진다면 빵을 만들 때 버터 대신 마가린을 사용하는 사람이 많아지겠지.

즉, 대체재에 놓인 물건은 한 물건의 값이 오르면 그 물건 대신 다른 물건의 수요량이 늘어나. 또 한 물건의 값이 내리면 사람들은 그 물건을 많이 사게 되므로 대체재에 놓인 다른 물건의 수요량이 줄어들지.

 다음 중 선풍기의 대체재가 아닌 것은?

힌트 선풍기 대신 사용할 수 없는 물건을 골라 봐.

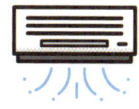 ① 에어컨    ② 손풍기    ③ (음료에 들어가는) 얼음    ④ 핫팩

※정답 : ④

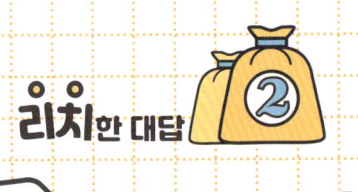

리치한 대답 ❷

보완재

햄버거와 콜라는 실과 바늘의 관계

> 햄버거를 먹을 땐 콜라도 함께 먹어야지!

햄버거를 먹을 땐 콜라를 세트로 먹어. 감자튀김을 먹으면 케첩이 따라나오고.

이 둘은 서로 모자라거나 부족한 것을 보충해서 완전하게 하는 환상의 짝꿍이야. 함께 사용했을 때 더욱 큰 만족을 주는 이런 물건들을 서로 보완 관계에 있다고 해서 보완재라고 불러.

대표적인 예로 햄버거와 콜라, 치킨과 치킨 무, 실과 바늘 등이 있어. 보완재는 두 가지를 함께 소비할 때 그 효용성이 더욱 커진다는 특징이 있어. 즉 각각의 물건을 따로 사용했을 때보다 함께 사용할 때 더욱 쓸모 있고 가치 있지.

　보완 관계에 놓인 물건은 가격과 수요에 따라 어떻게 달라질까? 두 물건 중 하나의 수요가 오르면 다른 물건의 수요도 올라. 또한 한 물건의 가격이 비싸지면 두 물건의 수요 모두 줄어들지.

　예를 들어 볼까? 햄버거를 찾는 사람이 많아지면 햄버거와 함께 먹는 콜라를 찾는 사람도 자연스레 많아지겠지? 치킨을 찾는 사람이 많아진다면 치킨과 함께 곁들여 먹는 치킨 무를 찾는 사람도 많아질 거야.

　만약 햄버거값이 비싸지면 어떨까? 햄버거를 찾는 사람이 줄게 되니 덩달아 콜라를 찾는 사람도 줄어 콜라 수요도 떨어질 거야. 즉, 한 물건의 가격이 오르면 그 물건을 포함해 보완 관계에 있는 물건의 수요도 함께 떨어져. 반대로 한 물건의 가격이 싸지면 그 물건과 보완 관계에 있는 물건의 수요도 함께 늘어나지.

 다음 중 햄버거의 보완재가 아닌 것은?

힌트 햄버거를 살 때 주로 함께 사는 것이 아닌 것을 골라 봐.

 ① 콜라　　 ② 감자튀김　　 ③ 치즈 스틱　　 ④ 김밥

※정답: ④

 빼빼로 과자값이 1500원에서 1700원으로 올랐어.

200원이나 올랐다고? 과자값이 왜 오른 거야?

 과자를 만들 때 사용하는 밀가루값이 올라서 그래. 세계에 밀을 수출하는 대표적인 나라가 러시아와 우크라이나인데, 두 나라의 전쟁으로 밀이 제대로 공급되지 못해서 밀가루값이 크게 올랐어.

밀가루값은 올랐는데 쌀값은 떨어졌어. 벼를 재배하는 면적이 늘면서 쌀 생산량이 많아졌거든.

 쌀값이 떨어지니까 쌀로 만든 떡도 값이 떨어졌어. 오늘 간식으로 떡을 사 먹어야지.

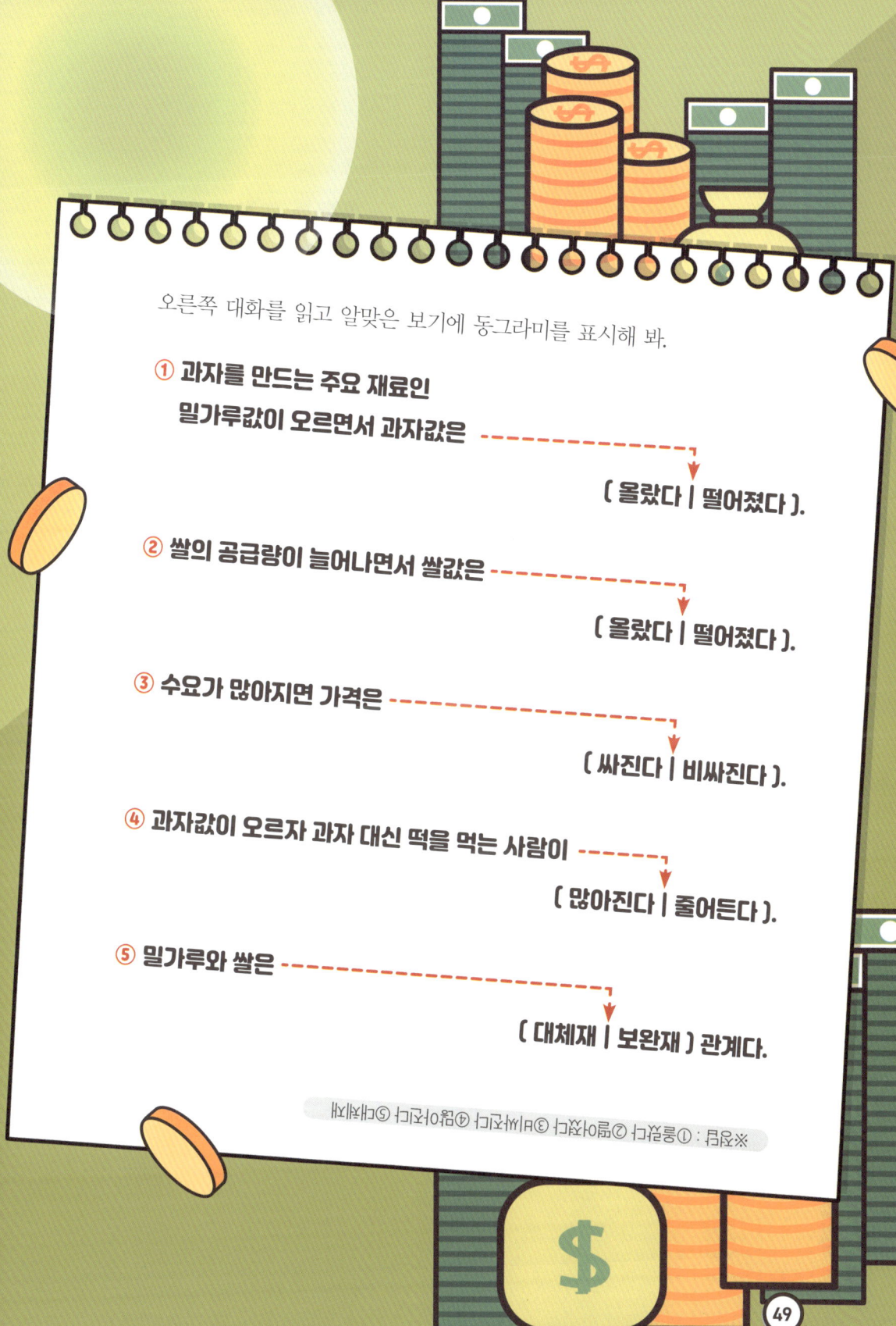

짜고 치는 불공정 행위, 담합

"물 한 병에 5000원? 말도 안 돼!"

평소 한 병에 500원으로 살 수 있던 생수값이 5000원이라니! 건강한 여름을 보내려고 친구들과 체육대회를 열기로 했는데, 글쎄 주변 편의점 주인들이 서로 짜고 생수 가격을 미리 싹 올려놓은 거 있지? 체육대회에서 땀 흘려 뛰면 물을 많이 사서 마실 텐데 너무해!

리치한 질문 1 담합은 대체 왜 일어날까?

리치한 질문 2 담합을 엄벌하는 법의 이름은 뭘까?

　이처럼 사업자(판매자)들이 서로 짜고 물건값을 똑같이 비싸게 조정해서 물건을 사는 소비자에게 피해를 주는 행위를 '담합'이라고 해. 다른 말로 '부당한 공동 행위'라고도 하지. 여럿이서 옳지 않은 행동을 했다는 뜻이야.

　시장에서 공정한 거래를 보장하기 위해 정해 놓은 '독점 규제 및 공정 거래에 관한 법률', 즉 공정 거래법 제40조에 따르면 사업자에게는 담합이 금지되어 있어. 담합을 하면 무시무시한 액수의 과징금(벌금)을 내야 하지. 그런데도 왜 담합을 하는 걸까?

담합을 부르는 시장 경제 체제

엄연한 불법 행위지만 담합은 경제 뉴스에 자주 등장해. 담합이 왜 일어나는지 알려면 시장 경제 체제의 특징을 먼저 알아볼 필요가 있어.

시장 경제 체제란 시장 중심으로 운영되는 경제 체제를 말해. 시장은 판매자와 구매자가 만나 거래가 이루어지는 장소야. 시장 경제 체제에서는 각자가 자기 재산을 소유하는 사유 재산 제도를 바탕으로 경제 능력이 있는 모든 사람들이 시장 가격에 따라 자율적으로 물건을 사고팔면서 경제 문제를 해결해 나가.

경제 역사 상식 UP

시장 경제 체제의 반대는 계획 경제 체제야. 계획 경제 체제에서는 중앙 정부가 물건의 생산(만들어 냄), 분배(나눔), 소비(써서 없앰) 등을 결정해. 나라에서 계획적으로 나누어 주면 모든 게 완벽하고 편할 것 같지만 지금까지의 역사에 비춰 보면 그렇지 않았어. 나라에만 모든 경제적 결정을 맡기다 보니 생산의 효율성이 떨어져서 오늘날에는 실패한 경제 체제로 간주되지.

　시장 경제 체제에서는 여러 분야의 사업자들이 활발하게 활동하면서 물건이나 서비스를 판매해. 의료 행위로 건강을 관리해 주는 병원이나 머리 모양을 관리해 주는 미용실처럼 눈에 보이지는 않지만 돈을 주고 거래할 수 있는 것을 경제학에서는 '서비스'라고 하지. 사업자는 창의적인 아이디어로 사회에 필요하다고 생각되는 물건과 서비스를 만들고 팔아서 돈을 벌어.

　하지만 때로 사업자의 욕심이 지나쳐 담합과 같은 불공정 행위가 일어나기도 해. 사업자가 다른 사업자와 짜고 특정 상품을 높은 가격으로 똑같이 유지해 판매하는 것이지. 이런 방식을 통해 물건과 서비스를 사려는 사람들이 다른 선택을 할 수 없도록 제한하는 거야.

이해력 UP

다음 빈칸에 들어갈 알맞은 단어를 적어 봐.

1. 상품을 만들어 파는 제조업자나 서비스를 파는 사람을 ①○○○라고 한다.
2. 서비스란 눈에 보이지는 않지만 돈을 주고 ②○○할 수 있는 것을 말한다.
3. 사업자가 다른 사업자와 짜고 상품이나 서비스의 가격을 똑같이 결정해 물건과 서비스를 사려는 사람들이 다른 선택을 할 수 없도록 제한하는 행위를 ③○○이라고 한다.

※정답 : ① 사업자 ② 거래 ③ 담합

담합을 규제하는 공정 거래법

흔히 '공정 거래법'이라고 부르는 담합 규제법이 있어. 정식 이름은 '독점 규제 및 공정 거래에 관한 법률'이야. 독점이란 개인이나 단체 하나가 생산과 시장을 지배해서 이익을 독차지하는 것을 말해. 공정 거래법은 독점이나 담합처럼 공정한 거래를 방해하는 부당한 행위를 막기 위해 만들어졌지.

공정거래위원회 청사. © Minseong Kim

공정 거래법 제40조는 담합을 비롯한 부당한 공동 행위, 즉 사업자가 다른 사업자와 같이 시장에서의 경쟁을 부당하게 제한하는 행위를 금지해.

예를 들면 사업자들이 서로 짜고 물건 가격을 특정하게 결정하거나 높은 가격으로 똑같이 유지하는 행위, 물건을 거래하는 지역이나 거래하는 상대방을 제한하는 행위, 물건이나 서비스를 만들어 낼 때 종류나 규격을 제한하는 행위, 같은 물건이나 서비스를 취급하는 회사를 세우는 것을 제한하는 행위 등이 있지.

공정거래위원회(공정위)는 닭고기 가격을 담합한 주요 닭고기 회사 7곳과 한국육계협회에 억대의 과징금(벌금)을 부과한 적이 있어. 담합 같은 불공정 행위로 피해를 주면 공정 거래법 제109조 제2항에 따라 피해자가 손해 입은 금액의 3배까지 물어내야 해.

　하림과 마니커 같은 닭고기 회사들이 소속된 한국육계협회는 2008년 6월부터 2017년 7월까지 무려 9년 동안 총 40번에 걸쳐 육계(치킨용 닭)와 삼계 신선육(삼계탕용 닭)의 판매 가격을 담합하여 올렸어. 이 사실을 발견한 공정위는 시정 명령을 내리고 이들 회사에 250억 원이 넘는 과징금을 내도록 했지.

담합의 대상이 된 닭고기

　담합처럼 부당한 공동 행위가 일어나는 불공정한 시장에서는 물건과 서비스의 가격이 한꺼번에 올라가서 결국 소비자가 내야 하는 가격도 늘어나게 돼. 담합을 엄격하게 처벌하는 것은 결국 사업자뿐 아니라 소비자를 보호하기 위한 조치인 것이지.

이해력 UP

다음 빈칸에 들어갈 알맞은 단어를 적어 봐.

1. 담합은 '독점 규제 및 ①○○ ○○에 관한 법률', 이른바 ①○○ ○○법에 따라 규제된다.
2. 담합 같은 불공정 행위로 피해를 준다면 피해 입은 금액의 3배까지 ②○○를 배상해야 한다.

※정답: ①공정 거래 ②손해

이해력 UP

다음 대화를 읽고 오른쪽 빈칸에 알맞은 단어를 적어 봐.

 담합으로 생수값을 5000원으로 올리다니 정말 괘씸해.

 사업자들이 짜고 물건 가격을 특정 가격으로 유지하는 건 전형적인 담합이야. 교복도 업체들끼리 가격을 담합하여 비싸게 팔다가 과징금(벌금)을 물은 적이 있지.

 아무리 사적인 이익을 추구하는 시장 경제 체제이지만 담합 같은 불공정 행위로 공정한 거래를 망치면 안 되지!

 곧 공정거래위원회에서 시정 명령을 내릴 테니 걱정 마. 담합은 공정 거래법 제109조 제2항에 따라 피해액의 최대 3배까지 과징금을 내야 한다고.

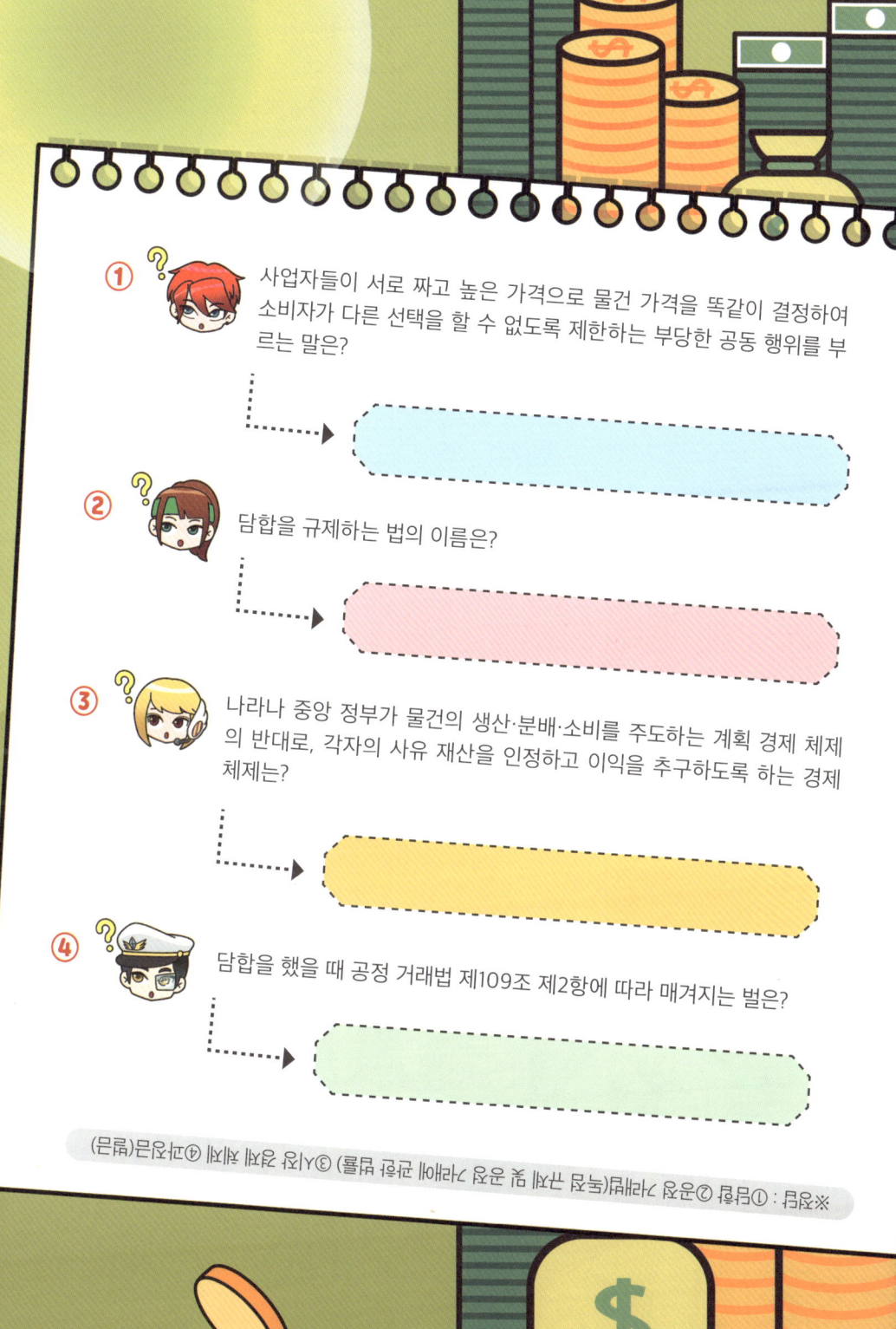

오르락내리락
코인이 뭐길래

"하늘 높은 줄 모르고 올라가더니 끝을 모르고 떨어진다!"
롤러코스터처럼 가격이 오르락내리락하는 '코인'.
코인은 동전이나 지폐처럼 실물 없이 온라인에서
거래되는 가상 자산을 말해. 암호화 기술을 사
용하는 화폐라고 해서 '암호 화폐'라고도 불러.

2022년 5월경 가상 자산 '테라'와 '루나'의 가치가 큰 폭으로 떨어지는 사건이 일어났어. 테라는 가상 자산 개발회사 테라폼랩스의 권도형 대표가 2018년 개발한 가상 자산이었지.

당시 네이버 카페 '테라·루나 코인 피해자 모임' 회원들이 검찰에 고소한 내용에 따르면 투자자 76명의 피해 금액은 총 67억 원에 이르렀어.

코인이 대체 뭐길래 이런 일이 일어났을까?

리치한 질문 ① 코인이 뭐지?

리치한 질문 ② 코인 투자는 어떻게 해? 장단점은 뭘까?

디지털 화폐, 코인

비트코인은 암호 화폐

가상 자산 중 가장 널리 알려진 것은 '비트코인'이야. 비트코인(bitcoin)은 디지털 단위인 '비트(bit)'와 '동전(coin)'을 합친 말이야. 나카모토 사토시라는 가명의 프로그래머가 2008년에 만든 암호 화폐이지.

나카모토 사토시는 미국의 달러, 일본의 엔, 한국의 원 같은 법정 화폐(법이 정한 화폐)를 대신해서 정부나 은행의 간섭 없이 사람들이 디지털 세상에서 자유롭게 사고파는 화폐가 필요하다고 주장했어. 그래서 디지털 시대의 화폐인 비트코인을 만들었지.

비트코인은 온라인에 만들어진 암호 화폐 거래소에서 사고팔아. 2009년까지만 해도 비트코인에 대해 아는 사람이 많이 없어서 비트코인 1개가 100원도 안 되는 값에 팔렸어. 하지만 비트코인을 사려는 사람이 늘면서 점점 더 값이 비싸졌지. 2024년 3월에는 비트코인 1개 값이 7만 3000달러를 기록했고, 우리나라 돈으로는 약 1억 원이 넘게 거래되기도 했어.

비트코인으로 무엇을 처음 샀을까?

"비트코인 1만 개를 온라인으로 보낼 테니 피자 2판을 주시오."

2010년 5월 22일, 미국 플로리다주에 사는 사람이 인터넷에 글을 올렸어. 이에 응하는 사람이 나타나면서 첫 비트코인 거래가 이루어졌지. 당시 비트코인 1개는 0.003달러였으니 비트코인 1만 개, 즉 약 30달러로 피자 2판을 산 셈이었어.

코인 투자, 채굴하거나 사고팔거나

　비트코인 등장 이후 이더리움, 모네로 같은 암호 화폐가 잇따라 등장했어. 암호 화폐에 투자해 큰돈을 벌었다는 사람들 소식도 적지 않게 전해졌지.

　코인에 투자하는 첫 번째 방법은 암호 화폐를 직접 채굴해서 파는 거야. 채굴이란 암호 화폐를 발행하는 과정을 일컫는 말인데, 그 과정이 광산에서 금을 캐는 것만큼 어렵다고 해서 채굴이라고 일컫지. 컴퓨터 한 대를 5년 동안 쉬지 않고 작동시켜서 암호를 풀어야 겨우 비트코인 25개를 얻을 수 있을 정도라니까!

　이렇다 보니 전문가들이 채굴해 놓은 암호 화폐를 사서 값이 오르면 되파는 식으로 투자하는 사람이 훨씬 많아. 즉, 온라인 암호 화폐 거래소에 가입해서 암호 화폐를 사고파는 거야. 코인 투자자들은 업비트, 빗썸, 코인원, 코빗 같은 암호 화폐 거래소에서 알려 주는 암호 화폐의 가치를 보고 거래해. 단, 우리나라 정부는 미성년자와 외국인이 가상 자산 계좌를 만들거나 거래하는 것을 금지하고 있으니 어린이들이 직접 투자하는 것은 안 돼.

장점

블록체인 기술이 있어 안전해

달러, 원 같은 법정 화폐는 각 나라 중앙은행이 관리하지만 비트코인은 관리자가 없어. 그럼 대체 뭘 믿고 거래하냐고? 비트코인은 보안성이 높다고 알려진 블록체인(block chain) 기술을 활용해서 안전성을 보장해.

블록체인이란 가상 공간의 블록에 개인의 데이터를 담은 뒤 이것을 체인(사슬)처럼 엮어서 여러 사람의 컴퓨터에 나누어 저장하는 기술이야. 디지털 데이터가 쪼개져 이용자들의 컴퓨터에 나눠 저장되므로 해킹하려면 수많은 사람의 시스템을 조작해야 해. 이런 기술이 있어 디지털 자산이 해킹되거나 복제 및 위조되는 것을 근본적으로 막을 수 있는 거야.

오르락내리락 가격과 환경 파괴가 걱정돼

단점

암호 화폐의 단점은 경제 상황에 따라 가격이 너무 자주 바뀐다는 거야. 예를 들어 2021년 11월에는 비트코인 1개 값이 약 9000만 원까지 치솟았지. 그러나 7개월이 지난 2022년 6월에는 약 2200만 원으로 뚝 떨어졌어. 만약 2021년 11월에 비트코인 1개를 9000만 원을 주고 사서 7개월 동안 되팔지 않고 가지고 있었다면 6800만 원이나 손해를 본 셈이지.

테슬라의 최고 경영자(CEO) 일론 머스크는 전기 자동차 테슬라를 사는 데 비트코인을 사용할 수 있도록 하겠다고 발표했지만 환경 문제를 이유로 이 같은 발언을 철회하기도 했어. 비트코인 채굴을 위해 컴퓨터를 작동시키는 동안 탄소가 어마어마하게 배출되어 지구 온난화가 심화되기 때문이지.

이해력 UP

오른쪽 힌트 참고!

다음 대화의 빈칸에 알맞은 단어를 적어 봐.

비트코인, 이더리움, 모네로……. ①○○ 투자를 하는 사람이 요즘 많은가 봐.

①○○은 암호화된 기술을 사용하는 ②○○ ○○야. 온라인 ②○○ ○○ 거래소에서 사고팔지.

①○○은 ③○○○○ 기술을 사용해서 해킹되거나 복제, 위조되는 것을 막을 수 있지.

하지만 경제 상황에 따라 가격의 오르내림이 심해. 안정적인 투자를 원한다면 ①○○ 투자는 적절하지 않아.

① 동전이나 지폐처럼 실물 없이 온라인에서 거래되는 가상 자산

② 온라인에서 개인과 개인이 거래하는 네트워크에서 안전한 거래를 위해 암호화 기술을 사용하여 만든 디지털 화폐

③ 온라인 거래 정보를 수정할 수 없도록 데이터를 '블록'으로 만든 후, 암호 기술을 사용한 고리 모양의 '체인'으로 연결해서 나누어 컴퓨팅 기술로 저장 및 관리하는 방식

※ 정답: ① 코인 ② 암호 화폐 ③ 블록체인

붐비는 성수기 한적한 비수기

"아니, 언제 이렇게 비싸졌지?"
여름방학을 맞아 친구들과 야외 수영장에 놀러 가기로 했어. 바쁜 친구들을 대신해 내가 숙소 예약을 맡기로 하고 3월부터 부지런히 수영장 근처의 멋진 숙소를 찾아놓았어.

이제 결제만 하면 되는데, 이게 웬일? 숙박료가 3월에는 하루에 5만 원이었는데 8월에는 15만 원인 거야. 가격이 3배나 뛰어 버린 거지.

이게 대체 무슨 일일까?

펜션이나 호텔 같은 여행지의 숙박 시설 이용료는 왜 월별 또는 계절별로 달라질까? 이 현상을 이해하려면 '성수기'와 '비수기'를 알아야 해. 성수기란 물건이나 서비스를 원하는 사람이 많은 시기야. 반대로 비수기란 상품이나 서비스를 원하는 사람이 적은 시기를 말해. 즉, 원하는 사람의 수에 따라서 가격이 달라지는 거지.

리치한 질문 ①
성수기, 비수기에는 왜 가격이 달라질까?

리치한 질문 ②
영화 「범죄 도시2」에 1000만 관객이 몰린 게 특별한 이유는 무엇일까?

리치한 대답

성수기와 비수기를 결정하는 '수요'

성수기에는 요금도 비싸네.

여름이 되면 방학을 맞은 어린이들과 더위에 휴식을 취하려는 회사원들이 휴가를 떠나. 수영장이나 바닷가, 계곡 등은 성수기를 맞아 발 디딜 틈이 없을 만큼 붐벼.

물건을 원하는 사람, 즉 수요가 많으면 물건값이 비싸지지. 8월 같은 성수기에는 수영장이나 바닷가 같은 휴가지의 숙소를 찾는 사람이 많아지니까 값이 비싸져. 대체로 여름은 7월 중순부터 8월 중순까지, 겨울은 12월 중순부터 2월 중순까지 성수기로 분류돼.

이쯤되면 왜 3월에 값이 저렴했는지 눈치챘겠지? 3월은 물건과 서비스의 수요가 적은 비수기이기 때문이야. 이른 봄이라 아직 추워서 야외 수영장에서 긴 시간을 보내기 어려운 데다 새 학기가 시작되는 달이라서 가족 여행을 다니기도 쉽지 않지.

그만큼 여행지를 찾는 사람이 별로 없기 때문에 비수기에는 요금을 싸게 해서 사람들이 오도록 이끄는 거야.

 아래 〈보기〉를 읽고 보인 반응으로 적절하지 않은 것을 골라 봐.

<보기>
외국인 관광객들이 우리나라를 방문하는 추세를 분석한 결과, 봄(3~5월)과 가을(9~11월)이 성수기이고, 겨울(12~2월)이 비수기로 나타났다.

① 우리나라에 단풍 구경을 하러 오는 외국인 관광객들이 많구나.
② 봄철 한국행 비행기표 값은 겨울보다 비싼 편이겠네.
③ 눈 쌓인 한국의 모습이 아름다워서 한겨울에 방문하는 외국인들이 굉장히 많네.
④ 한국행 비행기표를 저렴하게 구하려면 겨울에 여행하는 게 좋겠어.

ⓒ : 윤은※

비수기 뚫고 1000만 관객 돌파!

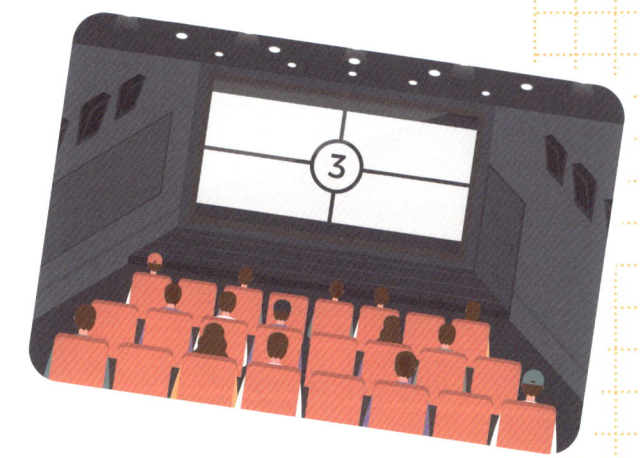

2022년 6월, 영화 「범죄 도시2」가 우리나라에서 1000만 관객을 모은 20번째 영화로 등극했어. 당시 관객 1000만 명이라는 숫자는 더 특별하게 주목받았어. 「범죄 도시2」는 영화관에서 비수기로 꼽히는 5월에 개봉한 작품이었거든. 날씨도 따듯하고 꽃도 활짝 핀 5월에는 어두운 영화관에 콕 박혀 있기보다는 야외에서 나들이하는 사람들이 많잖아.

그런데 「범죄 도시2」는 왜 비수기에도 대박이 났을까? 영화가 재미있기도 했지만 그보다 전문가들은 '보복 소비'를 그 이유로 꼽았어. 보복 소비란 마치 남에게 대갚음하듯이 돈을 쓴다는 말이야. 코로나19 방역 조치로 사람들이 오랫동안 영화관 출입에 제한을 받았었지. 그러다가 자유롭게 영화관을 드나들 수 있게 되면서 그간 억눌린 마음을 보상받으려는 심리가 한꺼번에 폭발해 영화관 수요를 늘리는 데에 큰 영향을 주었다는 거야.

포스트 코로나, 여행 성수기도 바뀌어

코로나19 방역 조치가 해제된 후 여행 트렌드도 바뀐 것으로 나타났어.

본래 여름방학이 포함된 7, 8월이 여행 분야에서는 최고 성수기로 분류됐어. 그런데 코로나19가 한창 유행할 당시 온라인 여행 포털 익스피디아가 조사한 결과에 따르면 7, 8월에 여행을 계획하는 사람은 10명 중 단 2명밖에 되지 않았어. 대부분은 "사람이 비교적 적을 것으로 예상되는 비수기 때 여행을 떠날 것."이라고 답했지. 코로나19 감염 위험을 줄이려고 사람이 적은 시기를 골라 여행을 즐기는 분위기가 생긴 거야.

이해력 UP 앞의 내용을 읽고 보인 반응으로 적절하지 않은 것을 골라 봐.

① 날씨가 좋으면 실내보다 야외에서 즐기는 오락거리를 많이 찾는구나.
② 억눌린 소비가 폭발하면 성수기와 비수기의 특징을 바꾸기도 하는구나.
③ 코로나19 이후에도 한여름에는 여전히 사람 많은 곳이 휴가지로 주목받는구나.
④ 바이러스 감염 위험이 있다면 되도록 한적한 곳으로 휴가를 떠나는 게 좋겠어.

※정답 : ③

이해력 UP

오른쪽 힌트 참고!

다음 대화의 빈칸에 들어갈 알맞은 단어를 적어 봐.

얘들아, 미안해. 3월에 숙소를 예약했으면 훨씬 저렴했을 텐데…….

①○○○에는 5만 원이었다가 ②○○○에는 15만 원으로 오르다니! 너무 가격 차이가 심한 거 아니야?

수영장 대신 영화관 피서는 어때?
요즘 시원한 영화관을 찾는 사람들이 늘어났대.

그동안 다이어트 때문에 참았는데 영화관에서 간식이나 잔뜩 먹으면서 영화나 봐야겠다.

너 그거 ③○○ ○○ 아니니?
다이어트 한 보람이 없네!

① 상품이나 서비스를 원하거나 사려는 사람이 적은 시기

② 상품이나 서비스를 원하거나 사려는 사람이 많은 시기

③ 마치 남에게 대갚음하듯이 공격적으로 돈을 쓴다는 뜻에서 만들어진 신조어

※정답 : ①비수기 ②성수기 ③보복 소비

온 가족이 오랜만에 모이는 명절이 찾아왔어.
두 친구는 친척들을 찾아다니면서 열심히 인사하더니 용돈을 두둑이 챙겼지. 둘은 이 용돈을 어떻게 하면 더 크게 불릴 수 있을지 고민에 빠졌어.
한 친구는 소원 상자 속에 용돈을 보관했고, 다른 한 친구는 은행 통장에 넣었어.
누구의 용돈이 더 크게 불어날까? 저축과 이자에 대해 알아 보자.

리치한 질문 ①
은행에 저축하면 이자를 준다고?

리치한 질문 ②
똑같은 돈을 은행에 맡겨도 이자가 달라진다고?

은행에 저축하면 예금 이자를 주지

용돈이 생기면 어디에 보관해?

소원 상자에 보관했다가 사고 싶은 물건이 생겼을 때 돈을 꺼내 쓰니? 아니면 은행에 정기 적금 통장을 만들고 입금하니? 어떤 방법이 돈을 더 많이 불릴 수 있을까?

정답은 은행에 정기 적금 통장을 만드는 방법이야. 정기 적금이란 일정한 금액을 매달 저축하고 일정 기간 뒤에 원금(저축한 돈)과 이자를 돌려받는 은행 상품이야. 이자는 은행에 돈을 맡긴 대가로 지급해 주는 돈인데, 저축했을 때 주는 이자를 '저축 이자'나 '예금 이자'라고 부르지.

은행에 돈을 입금하면 은행은 그 돈을 필요로 하는 다른 사람에게 빌려주는 '대출'을 해 줘. 은행으로부터 돈을 빌려 간 사람은 그 대가로 '대출 이자'를 내지.

만약 1년간 돈을 저축하면 2%의 저축 이자를 받는 정기 적금에 가입했다고 해 봐. 10만 원을 저축했다면 1년 뒤 10만 원의 2%에 해당하는 금액인 2000원을 이자로 받아서 총 10만 2000원을 돌려받을 수 있지.

은행에는 정기 적금 외에도 여러 상품이 있어. 언제든 돈을 넣었다가 필요할 때 꺼낼 수 있는 '보통 예금'도 있지. 하지만 보통 예금은 은행에서 자유롭게 돈을 꺼낼 수 있기 때문에 이자가 낮은 편이야.

다양한 은행 현금 자동 입출금기. ⓒ뉴시스

매년 이자가 같은 단리
오래될수록 크게 불어나는 복리

앞으로 용돈이 생기면 무조건 은행에 저축하겠다고?

그래, 용돈이 생기는 족족 쓰기보다 저축했다가 목돈으로 불린 후 꼭 사고 싶거나 필요한 때에 요긴하게 쓰는 걸 추천해.

그런데 은행에서 주는 이자는 모두 똑같냐고? 그렇지 않아. 상품마다 가입 기간에 따라 다양한 종류가 있어.

이자의 종류인 '단리'와 '복리'에 이야기해 줄게.

단리란 원금에만 붙는 이자야. 단리 방식의 정기 적금에 10만 원을 저축하면 1년 뒤 그 이자로 2%인 2000원이 붙지. 단리는 원금 기준으로 이자가 붙으므로 2년째에도 2000원, 3년째에도 2000원이 붙어. 즉, 3년 뒤 총 10만 6000원을 통장에서 확인할 수 있지.

복리 방식의 정기 적금은 어떨까? 복리는 원금에 이자를 합한 금액을 기준으로 이자가 붙지. 처음 10만 원을 저축하면 1년 뒤에는 그 이자로 2%인 2000원이 붙어. 2년째에는 총 10만 2000원의 2%인 2040원이, 3년째에는 총 10만 4040원의 2%인 2080원이 이자로 붙지. 즉, 3년 뒤 총 10만 6120원을 통장에서 확인할 수 있어.

작은 눈덩이가 굴러가면서 커다란 눈덩이가 되듯 복리 상품은 단리 상품에 비해 시간이 지나면 지날수록 더 많은 이자가 붙어.

이해력 UP

다음 대화를 읽고 오른쪽 빈칸에 알맞은 단어를 적어 봐.

어째서 매년 나보다 친구의 돈이 많아지는 거야?

은행 상품마다 이자 종류가 다르니까 잘 비교해 보고 골랐어야지.

호호. 단리는 원금에만 이자가 붙지만, 복리는 원금에 이자를 더한 총 금액을 기준으로 이자가 붙기 때문에 저축 기간이 길수록 이자가 커져.

맞아. 만약 100만 원을 저축해서 24년 동안 단리로 매년 3%의 이자를 받으면 72만 원인데, 복리로 받으면 약 100만 원이나 된다고.

우아, 28만 원이나 차이가 나네? 앞으로 나도 복리로 저축해야지.

① 돈을 절약해서 쌓아 두는 것

② 은행에 돈을 맡긴 대가로 지급해 주는 돈

③ 원금에만 이자가 붙는 방식

④ 원금과 이자를 합한 금액에 이자가 붙는 방식

※정답: ① 저축 ② 이자 ③ 단리 ④ 복리

반려동물을 기르면 세금을 내야 한다고?

한때 반려동물을 기르는 사람들이 발끈하는 일이 있었어. 정부가 반려동물을 기르는 사람들에게 '반려동물 보유세'를 내도록 하려다가 취소하는 일이 있었거든. '반려동물 보유'는 '반려동물을 가지고 있다'는 뜻인데, '세'는 무슨 뜻이냐고?

'세'는 세금을 뜻해. 국가나 공공 단체를 유지하기 위해 국민이나 주민이 내야 하는 돈이지. 세금은 국가나 시·도·군·구와 같은 지방 자치 단체가 필요한 활동을 하는 데 경비로 쓰여.

반려동물 보유세란 반려동물을 기르는 사람이 내야 하는 세금을 뜻해. 반려동물을 기르는데 왜 나라에 돈을 내도록 하는 걸까?

국민으로서 납세의 의무와 세금의 바른 쓰임에 관해 알아보자.

리치한 질문 ①
반려동물을 기르는데 왜 세금을 내야 해?

리치한 질문 ②
어린이들도 세금을 내고 있다고?

찬반 논란 중인 반려동물 보유세

반려동물 보유세를 두고 다양한 의견이 있어. 정부는 반려동물 보유세를 걷음으로써 반려인의 자격을 강화하고, 거둔 세금은 동물보호센터 운영, 동물 학대와 유기(버려짐) 관리, 동물 중성화 수술, 거리의 반려동물 배설물 청소 등에 사용한다고 주장해.

독일에서는 주마다 차이는 있지만 대체로 1마리당 100유로(14만 원) 정도의 반려견 보유세를 거두어 들이고 있지.

하지만 반려동물을 기른다는 이유로 섣불리 이와 같은 세금을 내게 하면 반려동물이 지금보다 쉽게 버려질 수 있다는 지적도 있어. 마치 '창문세'처럼 역효과가 나는 거야.

영국에선 창문세도 냈다네~

1696년부터 1851년까지 영국에서는 집에 있는 창문 개수만큼 세금을 내는 창문세 제도가 있었어. "부유한 사람일수록 집에 창문이 많을 테니 창문 개수만큼 세금을 매기겠다."라는 것이 영국 정부의 주장이었지.

하지만 창문 개수가 많다고 무조건 부유하다고 할 수 있을지 의문이 제기되면서 형평성 논란이 일기 시작했어.

영국의 경제학자 애덤 스미스는 "시골의 10파운드 집이 런던의 500파운드 집보다 창문이 많을 수 있다."면서 창문세가 불공평하다고 주장했지. 실제로 창문세가 도입되자 사람들은 세금을 덜 내기 위해 창문을 벽돌로 막아 버리거나 널빤지로 가려서 집 안이 어두워지는 부작용도 잇따랐어. 결국 창문세는 1851년에 폐지되고 말았지.

영수증에 적힌 세금, 부가가치세

헌법 제38조 모든 국민은 납세의 의무를 진다.

 세금을 내는 것, 즉 납세의 의무는 국민이 마땅히 부담해야 하는 책임이자 의무야. 민주주의 국가의 주인은 국민이므로 국가를 운영하는 데 필요한 비용을 내는 것이 당연하지. 헌법 제38조에도 이 의무가 적혀 있어.

 국민이 세금을 성실히 낸 만큼 국가는 세금을 현명하게 사용해야 해. '요람(아기를 태워 재우는 물건)에서 무덤까지' 국가가 국민을 책임질 수 있도록 말이야. 이 말은 영국의 경제학자 윌리엄 베버리지가 1942년에 복지 국가를 위한 정책을 연구하면서 사용한 말로 '태어나서부터 세상을 떠날 때까지 책임진다'는 의미야.

 **세금의 종류**

세금은 국세와 지방세, 보통세와 목적세, 직접세와 간접세 등으로 나뉘어.
국세는 국가, 즉 중앙 정부가 매기는 세금이며 지방세는 시·도·구·군 등 각 지방 자치 단체가 매기는 세금이야.
보통세는 국가나 지방 자치 단체의 일반적인 지출을 충당(모자라는 것을 채워 메움)하기 위한 세금이며, 목적세는 특수한 목적을 위해 거두어들이는 세금이지. 휘발유와 경유를 이용하는 차에 매기는 교통세·에너지세·환경세가 대표적인 목적세야. 화석 연료인 휘발유와 경유는 환경에 좋지 않은 영향을 주므로 세금을 매겨서 거두어들인 돈을 환경 보전 등에 사용하겠다는 거야.

어린이들도 세금을 낸다!

세금은 직접 부과하는지, 간접적으로 부과하는지에 따라 직접세와 간접세로 구분해.

납세자(세금을 내는 사람)가 나라에 직접 내야 하는 직접세로는 •소득세, •법인세, •재산세, •자동차세 등이 있어. 간접세는 세금을 최종적으로 내는 납세자와 세금을 낼 의무를 지는 조세 부담자가 다른 세금을 말해. 부가가치세(부가세), •등록세 등이 있지.

이중 부가가치세는 어린이들도 내는 대표적인 세금이야. 물건이나 서비스가 생산자, 도매업자, 소매업자, 소비자 등을 거치면서 매겨지는 이 세금은 물건이나 서비스의 10%에 해당하는 금액으로, 총 금액에 포함되어 있는 간접세야. 물건이나 서비스를 가장 마지막으로 이용하는 사람인 소비자가 내는 세금이지.

부가가치세가 함께 표시된 영수증. ⓒ심소희 기자

- **소득세** : 회사에 다니거나 사업하는 등 사회에서 벌어들인 돈에 매기는 세금
- **법인세** : 주식회사처럼 법으로 권리가 부여되는 법인이 벌어들인 돈에 매기는 세금
- **재산세** : 땅, 건축물, 주택, 배, 항공기 등 가지고 있는 재산에 매기는 세금
- **자동차세** : 자동차를 가진 사람에게 매기는 세금
- **등록세** : 재산권을 등록할 때 매기는 세금

이해력 UP

오른쪽 힌트 참고!

다음 대화의 빈칸에 알맞은 단어를 적어 봐.

오늘 간식 산 영수증 확인해 봤어? ①○○○○○가 포함되어 있지?

①○○○○○는 물건을 마지막으로 산 소비자가 내는 ②○○○구나.

그래서 ②○○○는 세금을 올려도 반발이 적어. 세금의 의무를 부담하는 사람이 직접 내지 않으니까.

반려동물을 기른다는 이유로 세금을 내는 건 합당한지 따져 봐야겠어. 영국의 ③○○○처럼 불공평하다는 논란이 있을 수 있으니까.

맞아. 세금을 무턱대고 거두기보다는 잘 사용해서 ④○○○○ ○○○○ 국민을 보살피는 것이 정부의 의무니까 말이야.

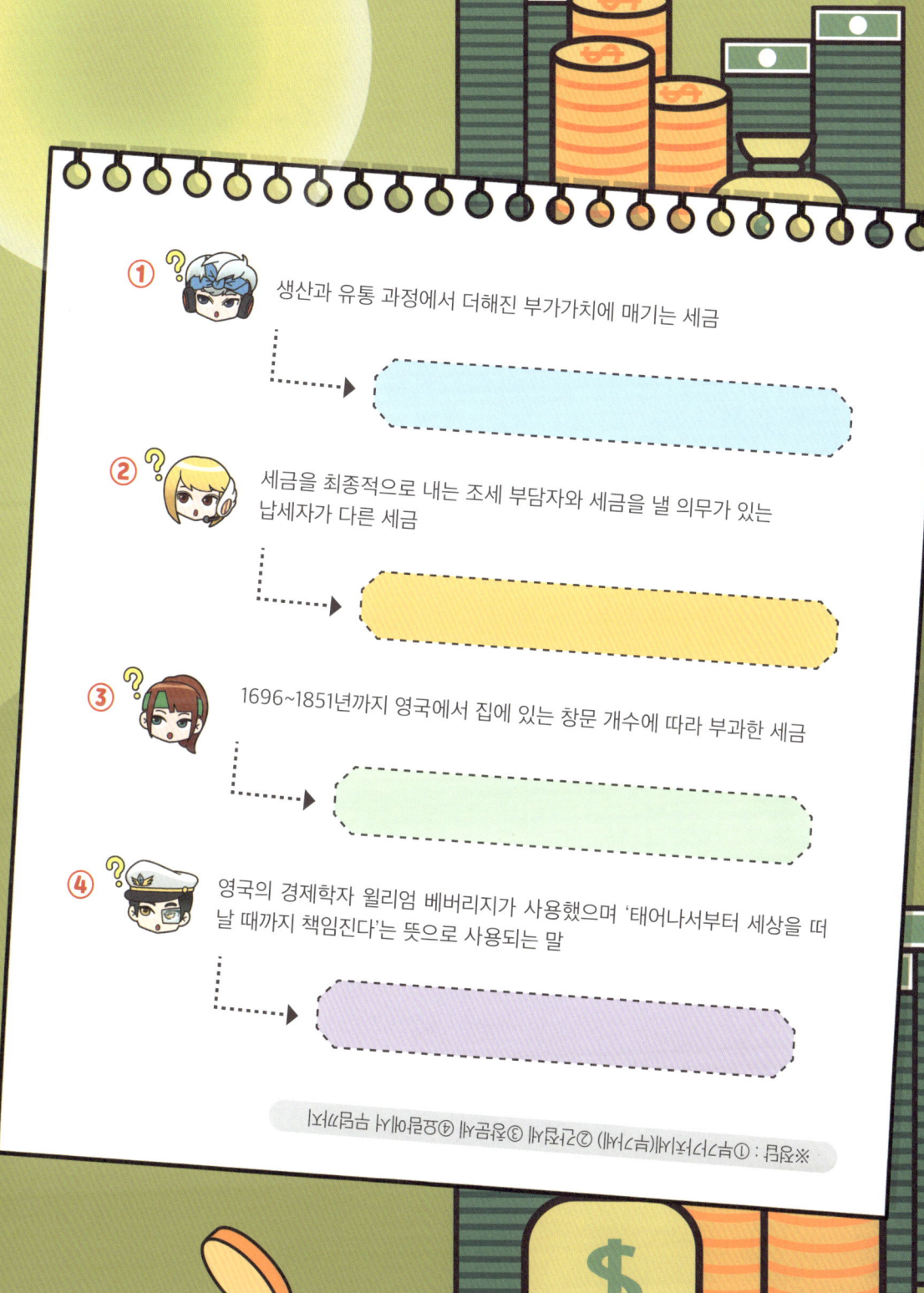

하나만 주면 섭섭하지?
원 플러스 원에 숨은 비밀

1개 사면 1개 더!
상품 1개를 사면 1개를 덤으로 주는 원 플러스 원(1+1). 편의점이나 마트에 갔을 때 원 플러스 원 행사를 하면 신나지? 호빵도 원 플러스 원, 어묵도 원 플러스 원! 1개 값만 내고 2개를 살 수 있잖아.
 왠지 이익을 본 듯 기분이 좋아지는 원 플러스 원에는 어떤 비밀이 숨어 있을까?

원 플러스 원, 가성비 좋네!

"피자 한 판을 사면 한 판 더 드려요."

1996년, 피자 회사 '피자에땅'이 원 플러스 원 행사를 국내에서 처음 시작했어. 피자 한 판을 사면 한 판을 더 주는 파격적인 구성에 소비자들의 반응은 폭발적이었지.

가성비를 따지는 소비자에게 원 플러스 원은 완전 이득인 셈이지. '가격 대비 성능(만족)의 비율'을 줄인 말인 가성비는 지불한 값에 비해 물건에 대한 만족감이 얼마나 높은지를 나타내는 단어야. 값에 비해 물건의 성능이 좋거나 물건에 대한 만족감이 클 때 '가성비가 좋다'라고 표현하지.

'1개는 공짜', '2개인데 반값'이라는 말로 표현되듯이 원 플러스 원은 지불한 값보다 많은 양을 얻는 것처럼 느끼게 만들어. 그래서 소비자에게 '이익을 본다'라는 생각을 불어넣음으로써 물건을 사려는 욕구를 더욱 높이는 거야.

원 플러스 원, 기업에도 이익?

최근에는 상품 2개를 사면 1개를 더 주는 투 플러스 원(2+1) 행사도 심심치 않게 보여. 이건 물건이 창고에 쌓이지 않게 바로바로 소비되도록 관리하려는 기업의 전략이기도 해. 원 플러스 원이나 투 플러스 원 전략을 내세워 상품을 홍보하려는 목적도 있지.

이제 기부도 원 플러스 원!

높은 물가로 경제 상황이 좋지 않은 요즘, 원 플러스 원을 색다르게 적용한 사례도 등장했어. 바로 기부야.

서울 성동구청이 2019년부터 추진한 '원 플러스 원' 사업은 소비자가 물건을 살 때 2개 값을 내면 1개는 형편이 어려운 이웃에게 기부하는 제도야. 음식점, 빵집, 슈퍼, 이발소와 미용실 등 이 사업에 참여하겠다는 뜻을 밝힌 곳에서 기부를 할 수 있지.

편의점에서 2개 사면 하나를 더 주는 '2+1' 행사를 하는 모습

원 플러스 원, 진짜 가격 꼭 따져 보기

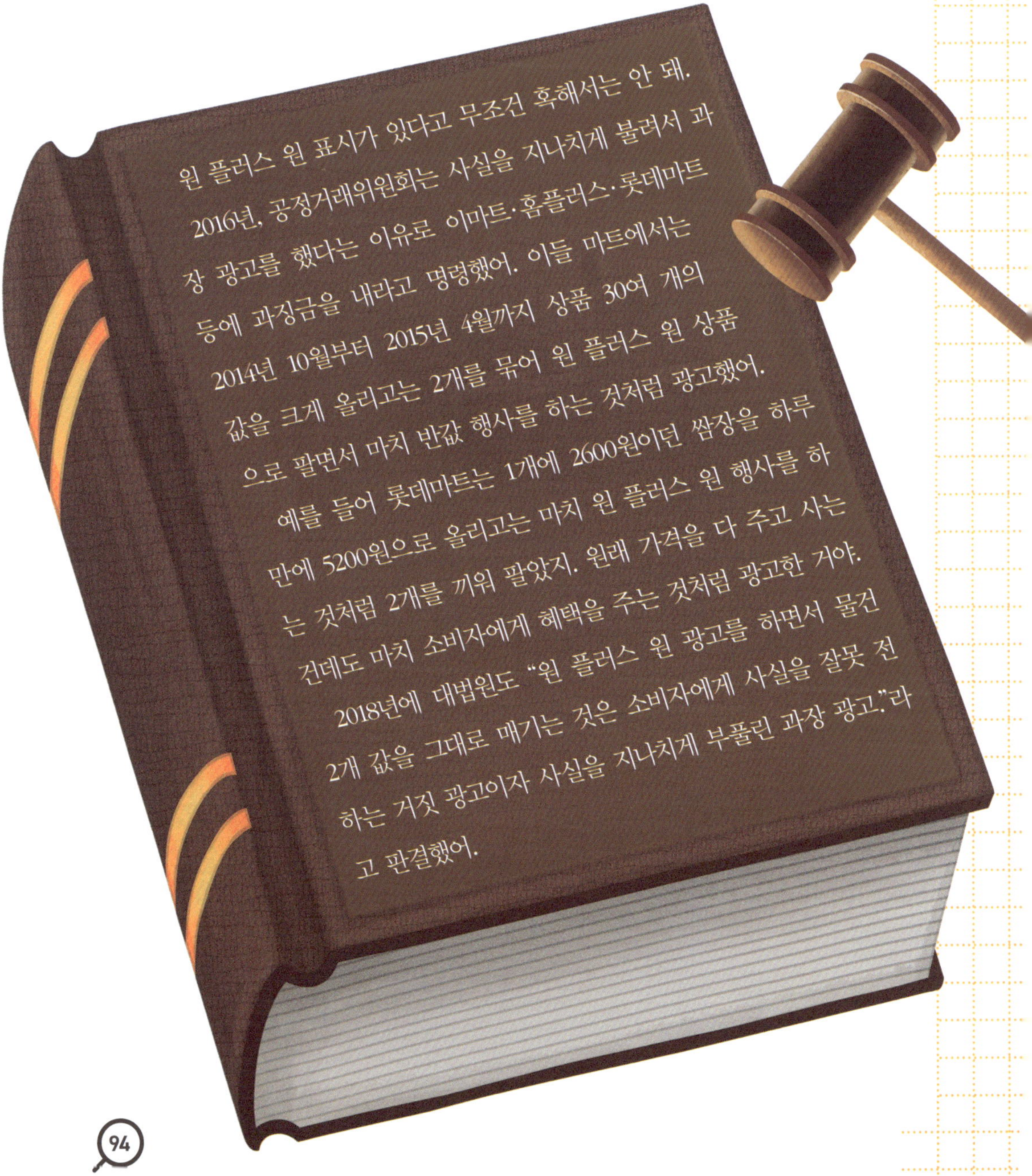

원 플러스 원 표시가 있다고 무조건 혹해서는 안 돼. 2016년, 공정거래위원회는 사실을 지나치게 불려서 과장 광고를 했다는 이유로 이마트·홈플러스·롯데마트 등에 과징금을 내리고 명령했어. 이들 마트에서는 2014년 10월부터 2015년 4월까지 상품 30여 개의 값을 크게 올리고는 2개를 묶어 원 플러스 원 상품으로 팔면서 마치 반값 행사를 하는 것처럼 광고했어.

예를 들어 롯데마트는 1개에 2600원이던 쌈장을 하루 만에 5200원으로 올리고는 마치 원 플러스 원 행사를 하는 것처럼 2개를 끼워 팔았지. 원래 가격을 다 주고 사는 건데도 마치 소비자에게 혜택을 주는 것처럼 광고한 거야.

2018년에 대법원도 "원 플러스 원 광고를 하면서 물건 2개 값을 그대로 매기는 것은 소비자에게 사실을 잘못 전하는 거짓 광고이자 사실을 지나치게 부풀린 과장 광고."라고 판결했어.

속지 마! 슈링크플레이션

슈링크플레이션이란 '줄어들다'라는 뜻의 영어 단어 '슈링크(shrink)'와 물가가 오르는 현상을 뜻하는 '인플레이션(inflation)'을 합한 말이야. 영국의 경제학자 피파 맘그렌이 2015년에 만든 용어야. 슈링크플레이션은 가격은 그대로이면서 물건의 크기나 무게를 줄여서 사실상 가격을 올리는 효과를 보는 판매 방식을 말해. 이전과 같은 값이지만 과자 봉지에 든 과자의 양이 줄어든 경우가 대표적인 예이지.

기업은 소비자의 기대를 만족시키면서 이익을 취하기 위해 이런 전략을 사용해.

예를 들어 세계 최대의 곡창 지대인 우크라이나에서 전쟁이 계속되면서 제때 밀이 재배되지 못해 밀가루 가격이 올랐어. 그러면서 빵이나 과자를 만드는 데 예전보다 많은 재료비가 필요하게 되었지. 빵이나 과자를 예전과 같은 양으로 만들어 팔려면 가격을 올려야 하는데, 그러면 소비자에게 외면받을 수 있으니 대신 가격은 유지하고 양은 줄여서 판매하는 거지.

이런 슈링크플레이션에 속지 않고 현명한 소비를 하려면 제품을 살 때 '단위당 값'이 어떻게 달라졌는지 확인해 보는 것이 좋아. '한국소비자원 참가격 정보서비스(www.price.go.kr)'를 이용하면 물건의 단위당 값을 월별로 비교해 볼 수 있어.

이해력 UP

오른쪽 힌트 참고!

다음 대화의 빈칸에 알맞은 단어를 적어 봐.

사거리 빵집에서 빵 1개를 샀더니 1개를 더 줬어. ①○ ○○○ ○ 행사를 하나 봐.

오! ②○○○ 좋게 빵을 살 수 있겠군. 얼마였어?

4000원. 근데 헷갈리네. 어제는 빵 1개에 2000원이었던 것 같은데?

빵집에서 속임수를 쓴 거 아니야? 빵 1개 값을 4000원으로 올리고 ①○ ○○○ ○이라면서 2개 값을 받은 것 같아!

설마 ③ ○○ ○○를 한 거야? 다시 가서 사실을 파악하고 거짓이라면 환불을 받아야겠어.

① 상품 1개를 사면 1개를 덤으로 주는 기업의 판매 전략

② 지불한 값에 비해 그 상품의 성능이나 상품에 대한 만족감이 얼마나 높은지를 나타내는 단어

③ 사실을 지나치게 부풀려 소비자를 오해하게 만들 수 있는 광고

※정답: ① 원 플러스 원 ② 가성비 ③ 과대 광고

은근슬쩍 사게 만드는 넛지의 비밀

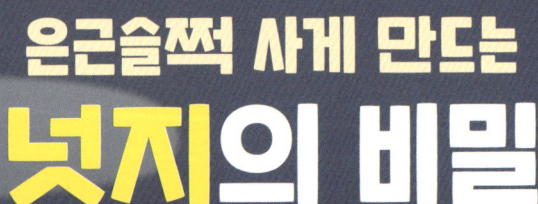

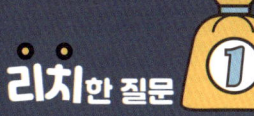

리치한 질문 ①

'지금 당장 사야 할 것 같아'에 숨은 비밀은 뭘까?

리치한 질문 ②

소비자를 낚는 나쁜 판매 전략에는 어떤 게 있을까?

할인 마감까지 10초, 9초, 8초, 7초, 6초……!
크리스마스 선물 가격이 모두 9900원이야. 10000원보다 싸다니!
이런 상황이라면 안 살 수가 없잖아? 게다가 얼마 안 남은 시간 때문에 더욱 빨리 사야 할 것만 같아 마음이 더욱 분주하겠지?
은근슬쩍 물건을 사게 만드는 판매 전략 '넛지'에 관해 알아보자.

리치한 대답 ①

은근슬쩍 사도록 만드는
넛지

990원, 9900원, 9만 9000원······.

연말 할인 행사에서 흔히 볼 수 있는 물건값이야. 1000원, 1만 원, 10만 원보다 겨우 10원, 100원, 1000원씩밖에 싸지 않은데도 괜히 이익을 본 것 같은 느낌이 들지. 이것을 경제학적으로는 '넛지(nudge)'를 활용한 판매 전략이라고 표현해.

넛지란 사람들을 팔꿈치로 쿡쿡 찔러서 무언가를 하도록 은근슬쩍 이끈다는 뜻이야. 리처드 탈러 미국 시카고대 경제학 석좌교수가 캐스 선스타인 미국 하버드대 로스쿨 교수와 2009년에 발행한 『넛지』라는 책을 통해 널리 알려진 개념이지. 경제학에서는 사람들로 하여금 무언가를 자연스럽게 사도록 만드는 것을 부르는 말로 쓰여.

어떻게 은근슬쩍 물건을 사도록 만드는 걸까?

예를 들어 아이스크림을 1개 사면 1000원인데, 2개 사면 총 1800원, 3개 사면 총 2400원이라고 해 보자. 각각의 경우에 아이스크림 1개 값은 1000원, 900원, 800원으로 줄어들어. 아이스크림 1개보다는 2개를, 2개보다는 3개를 살 때 이익인 셈이지. 이렇게 소비자가 물건을 많이 살수록 이익이라는 생각을 들게 해서 더 많이 사도록 이끄는 거야.

3만 원 또는 5만 원 이상 물건을 사면 배송비를 받지 않는다거나, 물건을 1개 사면 1개를 덤으로 끼워서 주는 등의 판매 전략도 넛지를 활용한 대표적인 예이지.

이해력 UP

넛지를 활용한 판매 전략의 예로 적절하지 않은 것은?

① 990원, 9900원 등으로 물건값을 할인하는 행사
② 5만 원 이상이면 물건을 무료로 배송해 준다는 안내
③ 1개 사면 물건을 1개 더 준다는 판매 행사
④ 물건을 여러 개 살수록 값이 더 비싸지는 판매 행사

※정답 : ④

리치한 대답 ②

소비자를 현혹하는 다크 넛지

다크 넛지(dark nudge)란 기업이 이익을 취하려고 소비자가 비합리적으로 돈을 쓰도록 이끄는 상술을 말해. 넛지를 나쁘게 잘못 사용한 예를 살펴보며 이런 상술에 현혹되지 않았는지 생각해 보자.

예1 알림 없이 자동 결제

'지금 가입하면 한 달 무료 체험'. 이런 광고 한 번쯤은 접해 봤지? 주로 게임이나 온라인 동영상 서비스(OTT)에서 소비자를 현혹해 가입하게 하고는 무료 이용 기간이 끝나면 소비자에게 따로 알리지 않고 결제가 진행되기도 해. 소비자가 알아차리지 못한 채 돈을 써 버리는 상황이 되지.

예2 지금 안 사면 땡! 압박

소비자의 심리를 압박해 물건을 사도록 만드는 경우도 있어. '하루만 특가(특별 가격) 판매', '오늘이 최고로 낮은 가격', '품절 임박(물건이 다 팔리고 없는 상황이 갑자기 닥쳐옴.)' 같은 문구가 대표적이지.

예3 헷갈리는 금액 표시

　소비자가 내야 하는 총 금액을 정확하게 표시하지 않아 혼란을 주기도 해. 1년 구독 상품인데 매달 내야 하는 돈으로 표시하는 경우가 그 예이지. 펜션이나 호텔 같은 숙박 시설의 경우 미리 알림 없이 세금이나 봉사료가 나중에 합해서 계산되는 경우도 있어.

예4 복잡한 환불과 취소

　물건이나 서비스를 환불 또는 취소하는 과정이 복잡한 경우야. 구독 신청은 모바일 애플리케이션(앱)으로 했는데 구독을 취소할 때는 반드시 홈페이지나 전화를 통해서만 가능한 경우가 대표적이지. 과정을 불편하게 만들어서 소비자가 원하는 바를 이루기 어렵게 만들어.

경제력 UP 다크 넛지를 피하는 똑똑한 확인법

1. 개인 정보를 철저하게 관리하기. 휴대전화 번호 같은 개인 정보를 공개하면 자신도 모르게 소액(작은 금액) 결제가 이루어질 수 있으니 주의해야 해.
2. 은행 통장이나 휴대전화 요금에서 모르게 빠져나가는 돈은 없는지 확인하기.
3. 물건값과 구독 기간 등 세부 사항을 꼭 확인하고 결제하기.

※ 피해가 발생했다면?
국번 없이 1372 또는 소비자상담센터(ccn.go.kr)에 문의

이해력 UP

오른쪽 힌트 참고!

다음 대화의 빈칸에 알맞은 단어를 적어 봐.

 이럴 수가! 1월에 게임 사이트에 가입했는데 휴대전화로 매달 5000원씩 결제되고 있었어!

뭐라고? 알림도 없이 자동으로 결제된 거야?

 ① ○○ ○○의 대표적인 예로군. 바로 부모님께 알리고 소비자상담센터에 신고하자.

국번 없이 ② ○○○○에 신고해야겠어. ③ ○○ ○○를 소중히 관리하고 혹시 모를 결제 내역을 확인했어야 했는데…….

2부

사회가 보이는
최신 경제 키워드

동네 생활권이 뭐니?

　코로나19가 한창 유행했던 시기를 기점으로 '동네 생활권'에서 활동하는 사람이 많아졌어. 동네 생활권이란 동네 중심으로 편성된 생활권(일상생활을 하는 구역)을 이르는 말이야. 먼 거리 외출을 자제하는 대신 자기 동네를 주요 활동 영역으로 삼는 사람이 많아지면서 등장한 신조어이지. 영어로는 특정 지역을 지칭하는 '로컬(local)'보다 더욱 좁은 구역을 의미하는 말로, '하이퍼로컬(hyper-local)'이라고도 불려. 동네 생활권이 뜨면서 함께 주목받는 경제 키워드를 알아보자.

슬리퍼를 신고 오가는 슬세권

집에 있다가 갑자기 간식이 먹고 싶으면 슬리퍼 차림으로 가까운 편의점에 다녀오곤 하지. 이처럼 슬리퍼를 신고 오갈 수 있는 집 주변 상권 지역을 '슬세권(슬리퍼+세권)'이라는 신조어로 불러.

사람들이 동네 안에서 생활하면서 슬세권에서의 소비가 두드러지게 나타나고 있어. 특히 눈에 띄는 건 편의점 이용률이야. CU와 GS25의 연 매출 합계는 코로나19 발생 이전인 2019년 14조 5645억 원에서 2022년 15조 3960억 원으로 15조 원을 넘었어.

슬세권에서의 활동이 늘면서 사람들이 사는 옷 종류에도 변화가 생겼어. 애슬레저룩(가벼운 스포츠를 즐길 때 입는 옷)이나 홈웨어(집에서 입는 편한 옷) 구입이 눈에 띄게 늘어난 거야. 특히 기존에는 홈웨어 판매 비중이 전체의 20% 미만을 차지한 것과 달리 코로나19 이후에는 45%까지 늘었지.

초등학교를 품은 아파트, 초품아

 새로 분양(땅이나 건물을 나누어 팖.)하는 아파트 홍보 문구에서 '초품아'라는 말을 심심치 않게 볼 수 있지? 초품아는 초등학교를 품은 아파트, 즉 아파트 단지 안에 초등학교가 있는 아파트를 부르는 신조어야.

 초등학교를 품은 아파트는 학교까지 가는 도중에 차로나 횡단보도가 없어 차량 사고 위험이 없고, 학생들이 동네 바깥으로 벗어날 필요 없이 비교적 안전하게 통학할 수 있어서 어린 자녀를 둔 부모들이 많이 선호하지. 또한 초등학교가 가까이 있기에 유해 시설이 들어설 수 없어 더욱 좋아.

 이런 이유로 아파트가 같은 구에 있더라도 초품아는 다른 아파트에 비해 가격이 더 높은 것으로 나타났어.

동네 생활권을 활용한 앱

중고 거래 플랫폼 '당근마켓'

동네 생활권 중심 문화를 만드는 데 큰 역할을 한 모바일 앱으로 '당근마켓'이 있어. '당신 근처의 마켓'이라는 뜻인 당근마켓은 2015년 탄생한 온라인 중고 거래 서비스야. 거래 이외에도 동네 가게 후기, 동네에서 분실한 물건 찾기, 동네에서 관심사 같은 친구 찾기 등 동네 정보를 주고받는 앱으로도 사용되지.

반려동물 커뮤니티 플랫폼 '포동'

동네에서 혼자 산책하는 강아지에게 친구를 만들어 주는 건 어때? 반려동물을 보유한 사람들이 많아지면서 반려인을 위한 다양한 앱이 만들어졌어. 반려인들이 애견 훈련, 사료, 산책 등 관심사 중심으로 교류할 수 있어. 동네에서 이용할 수 있는 애견숍, 동물병원, 전용 공원 등 시설에 관한 정보나 반려견 관련 상품도 교환할 수 있지.

레고 재테크가 뭐니?

재테크란 '재무 테크놀로지'의 줄임말이야. 개인이나 기업이 금융 수익을 얻으려고 여러 재무 활동을 벌이는 것을 재테크라고 표현해.

예를 들어 금 1g의 값은 2023년 2월 14일에 7만 5752원이었지만 같은 해 5월 19일에는 8만 3969원으로 올랐어. 2023년 2월 14일에 금 1g을 샀다가 같은 해 5월 19일에 되팔았다면 8217원을 벌 수 있겠지? 이처럼 시세가 변하는 물건이나 금융 상품에 돈을 투자해서 수익을 얻는 것이 재테크의 핵심이야.

최근에는 놀라울 만큼 기상천외한 재테크 품목이 생겨나고 있어.

레고에 투자하는 레고 재테크, 즉 '레테크'가 금, 주식, 가상 화폐에 투자하는 것보다 높은 수익을 낸다는 연구 결과도 있었지.

기발한 재테크의 세계로 함께 떠나 볼까?

동전과 레고로 재테크를?

[리셀테크] 레고부터 동전까지 싹 되판다

최근 자신이 산 물건을 되팔아서 수익을 얻는 방식이 늘면서 '리셀테크'라는 말도 흔히 쓰여. '다시 판다'는 뜻의 리셀(Resell)과 재테크의 합성어야. 리셀테크의 품목은 레고부터 동전, 운동화까지 다양해.

8년 만에 340만 원이 오른 레고?

러시아 고등경제대학의 도브린스카야 교수는 1987~2015년에 발매된 레고 세트 2322점의 중고 가격을 기준으로 수익성을 분석했는데, 중고 레고의 값은 매년 평균 11% 올랐어. 특히 레고 세트 중 「카페 코너」는 2007년 가격에 비해 2015년에 23배나 비싼 값에 되팔렸지.

이처럼 특정 제품의 값이 치솟는 건 '희소성' 때문이야. 희소성이란 어떤 물건의 양이 제한되어 있어 부족한 상태를 말해. 그래서 처음 거래된 값보다 점점 높게 거래되는 거야.

500원이 200만 원에 팔린다고?

희귀한 동전도 비싼 값에 거래돼. 예를 들면 1998년에 발행된 500원 동전은 외환 위기로 인해 발행된 게 단 8000개뿐이야. 한 화폐 수집가는 1998년 발행된 500원짜리 동전의 상태가 좋다면 200만 원에도 팔린다고 말해 놀라움을 주었지.

잠깐! 무엇이든 되팔아도 되는 것은 아니야. 콘서트 티켓이나 기차 승차권 등을 높은 값으로 되파는 이른바 암표(법을 위반해 몰래 사고파는 각종 입장권이나 탑승권)는 명백한 불법 행위야.

[아트테크] 예술 작품, 이젠 쪼개서 산다!

수억 원짜리 그림을 어떻게 사냐고? 쪼개서 사지!

'아트테크'는 예술 작품을 통한 재테크를 부르는 말이야. 희귀하고 가치가 높은 예술 작품을 소장하다가 되파는 방식으로 수익을 얻지. 일본의 미술가 쿠사마 야요이가 1981년에 그린 「호박」은 2021년 당시 우리나라 경매에서 최고 낙찰가인 54억 5000만 원에 팔렸어.

우리가 억대 작품을 어떻게 사냐고? 유명 작품의 소유권을 조각내어 그 일부 지분만 사면 돼. 나중에 경매에서 공동 구매한 작품이 팔리면 자기 지분대로 판매 수익을 나누어 가지지. 예를 들어 작품이 100만 원이어도 100명이 공동 구매를 하면 한 사람당 1만 원만 내고 그 작품을 소유할 수 있어.

공동 구매는 적은 금액으로 투자할 수 있어서 참여율이 높아. 미술 투자 플랫폼 테사(TESSA)에서는 뱅크시의 작품 「러브 랫」이 공개되자마자 144명이 몰려 1분 만에 7700만 원어치 소유권이 잘게 나뉘어 판매됐어.

희귀한 인터넷 밈, 골라서 사지!

아트테크에서 주목받는 거센 돌풍이 있어. 영어사전 출판사 영국의 콜린스가 2021년을 대표하는 단어로 뽑은 'NFT(Non-Fungible Token : 대체 불가능 토큰)'야. NFT는 다른 어떤 것으로도 교환할 수 없는 고유의 가치를 지닌 토큰(거래할 수 있는 파일)을 말해. 블록체인(가상 화폐로 거래할 때 해킹을 막기 위한 기술)을 이용해 예술품이나 디지털 콘텐츠 등에 고유의 가격을 매긴 디지털 자산을 뜻하지.

흔히 '짤'로 불리는 인터넷 밈이나 연예인, 인플루언서의 짧은 영상, 프로 농구 하이라이트 장면 등이 NFT로 거래되면서 새로운 투자 품목으로 주목받고 있어.

구독 경제가 뭐니?

일정 기간 구독료를 내고 물건이나 서비스를 이용하는 구독 경제의 시대! 이제 사람들은 과자도 구독하고, 꽃도 구독해. 또 어떤 구독 서비스가 있을까?

세상에나! 이런 것도 구독을?

먹을거리 구독

예전엔 신문이나 잡지만 구독했잖아. 구독이란 말이 '사서 읽는다'라는 뜻인 이유도 그 때문이야. 그런데 언젠가부터 우유나 야채즙을 정기적으로 받아 마시는 '음료 구독'이 생겨났지.

이제는 '음식 구독'도 등장했어. 매달 특정한 테마(주제)에 맞는 과자를 다양하게 구성하여 집으로 보내 주는 '월간 과자'와 같은 과자 구독 서비스를 비롯하여 직장인들을 위한 점심, 샐러드, 반찬, 야채 등 다양한 먹거리 구독 서비스도 생겨났어.

월간 과자
롯데웰푸드 제공

즐길 거리 구독

꽃다발을 배달해 주는 구독 서비스도 있어. 가격대에 맞게 다양한 꽃다발을 선택해서 받을 수 있지. 향수 구독 서비스도 있어. 좋아하는 분위기, 자신을 표현하는 단어 등 취향을 묻는 질문에 사용자가 한 대답을 기준으로 전문가가 고른 향수를 보내 줘.

2주마다
배달되는 꽃다발
꾸까 제공

탈것 구독

해외 자동차는 물론 국내 자동차도 일정 기간 구독료를 내고 여러 차종을 타 볼 수 있어. 새로운 기술로 인해 매년 달라지는 자동차의 기능으로 자동차 구매가 망설여지는 경우 구독 서비스가 유용하지.

자동차 구독 서비스 화면
현대 홈페이지 캡쳐

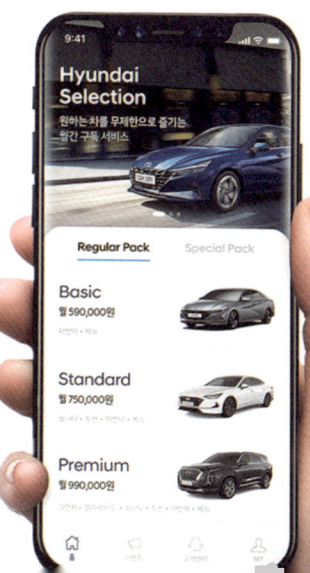

왜 구독 서비스를 이용할까?

일단 싸잖아

　얇은 밀가루 반죽에 고기와 채소를 넣은 멕시코 음식, 타코 알지? 타코로 유명한 미국의 멕시칸 음식 체인점 타코벨에서 '타코 구독' 서비스를 시작했어. 한 달에 10달러(약 1만 3000원)를 내면 30일 동안 매일 타코 1개를 먹을 수 있지. 평균 금액을 따져 보면 1개에 3000원 정도인 타코를 400원 정도에 먹을 수 있는 셈이야.

　구독 모델은 회사의 상품과 서비스를 꾸준히 이용하는 고객을 안정적으로 확보할 수 있어 회사에도 도움이 돼. 구독자 수에 맞추어 상품을 준비하므로 재고(남아서 창고에 쌓인 물건)도 적지.

전문가의 선택

　소비자들이 구독 경제를 찾는 또 다른 이유는 전문가의 선별 서비스 때문이야. 물건을 고르려고 직접 일일이 비교할 필요 없이 전문가에게 믿고 맡긴다는 점에 편리함을 느끼는 거야.

소유보다는 경험

　미국의 경제학자 제러미 리프킨은 2001년에 집필한 도서『소유의 종말』에서 사람들이 앞으로 소유에 집착하지 않을 것이라고 예상했어. 대신 '접속(access)'할 거라고 내다봤어. 소비자들이 큰돈을 주고 물건을 소유하기보다는 적은 돈으로 여러 가지를 경험하는 것을 더 중요하게 생각한다는 것이지.

구독 경제, 조심할 점은?

적은 돈도 돈이다

티끌 같은 구독료를 모으면 태산처럼 큰돈이 될 수 있어. 오른쪽 그림의 영수증을 한번 볼까? 온라인 동영상 플랫폼(OTT) 구독료가 많군. 플랫폼마다 볼 수 있는 영화나 드라마, 예능 프로그램이 다르니 여러 개를 구독하는 경우도 많아. 따로 떼어서 보면 1만 원 남짓이지만 모두 합하니 한 달에 5만 원을 훌쩍 넘겨 버렸네. 무턱대고 구독 버튼을 누르기 전에 구독료에 모두 얼마를 지출하는 게 적절한지 꼭 생각해 보아야 한다고.

구독이 아니라 독?

디지털 콘텐츠 플랫폼을 구독해 놓고는 잊어버려서 매달 돈이 빠져나가는지 모르는 경우도 있어. 심지어 구독료를 낸 만큼 '뽑아 먹겠다'는 마음으로 물건 이용에 지나치게 매달려서 중독되기도 한다고. 이 구독이 진정 내게 도움이 되는지 곰곰이 생각해 보는 것이 건강한 구독 생활의 첫걸음이겠지?

사고력 UP

친구들은 어떤 구독 서비스를 이용해? 내가 이용하는 구독 서비스를 정리해 보고 각각 어떤 이유에서 구독하는지, 얼마나 자주 이용하는지, 이용 빈도에 비해 가격은 적정한지, 우리 가족이 매달 구독료로 쓰는 돈은 모두 얼마인지 정리해 봐.

서울도서관의 벽면에 걸린 우크라이나의 평화를 기원하는 메시지. ⓒ뉴시스

착한 노쇼가 뭐니?

지난 2022년 3월, 우크라이나를 돕기 위해 '착한 노쇼'에 동참한 사람들이 많았어. 노쇼란 식당이나 숙소에 예약하고는 취소한다는 연락도 없이 예약 장소에 나타나지 않는 예의 없는 행동을 일컫는 말이야. 그런데 '착한' 노쇼는 뭐냐고?

예약 완료

우크라이나의 숙소에 한 달 숙박비를 결제했어. 하지만 가지는 않을 거야. ^^

착한 노쇼로 우크라이나를 돕는다

2022년 2월, 러시아는 우크라이나를 침공했어. 우크라이나가 •북대서양조약기구에 가입해 미국 중심의 서방 세계에 속하려 한 것에 러시아가 불만을 품었기 때문이지. 삶의 터전을 잃은 우크라이나 국민들에게 전 세계 각지에서 구호 물품과 기부금이 전해졌어. 착한 노쇼도 그중 하나였지.

착한 노쇼는 우크라이나에서 운영되는 •에어비앤비 숙소의 숙박비를 결제한 뒤 일부러 찾아가지 않는 방식으로 이루어진 기부법이야. 일반인이 운영하는 에어비앤비 숙소의 특성상 우크라이나 국민에게 직접 기부금을 전달할 수 있다는 점에서 이 방식을 택하는 사람들이 많았지.

우리나라에서는 배우 임시완이 착한 노쇼에 동참했어. 임시완은 2022년 3월, 자신의 인스타그램에 우크라이나의 숙소를 한 달간 예약한 내용이 담긴 사진을 공개했어. 그는 "한 달간 방을 예약했고, 당연히 가지 않을 예정."이라며 "당신과 키이우(우크라이나의 수도)의 시민들이 안전하기를 바란다."라는 메시지도 영어로 남겼지.

• 북대서양조약기구(NATO·나토) : 미국과 캐나다 그리고 유럽의 나라들이 제2차 세계 대전이 끝난 1949년에 옛 소련(지금의 러시아)을 중심으로 했던 공산주의 국가들에 대항하기 위해 만든 국제기구. 러시아와 인접한 우크라이나가 나토에 가입하면 러시아에 위협이 될 수 있어서 러시아는 우크라이나의 나토 가입에 반대한다.

• 에어비앤비(airbnb) : 2008년 미국 캘리포니아주 샌프란시스코에서 시작된 세계적인 숙박 공유 플랫폼. 일정 조건을 갖춘 집주인이 자신의 집을 숙박 장소로 등록하고 기간을 정해 다른 사람에게 빌려줌으로써 돈을 벌 수 있다.

나쁜 노쇼는 국가적 손실

 본래 노쇼란 예약한 당일에 취소 연락도 없이 일절 나타나지 않는 행동을 부르는 말이야. 우리가 절대로 해서는 안 되는 예의 없는 행동이지. 2015년 현대경제연구원 조사에 따르면 국내 음식점, 미용실, 병원, 공연장, 고속버스 등 5대 서비스 업종에서 노쇼로 인해 손해를 보는 금액이 무려 연간 4조 5000억 원에 이른다고 해.

 2018년에는 요리 예능 프로그램에 출연해 이름을 알린 최현석 셰프가 인스타그램에 노쇼를 비판하는 글을 올리면서 주목받았어. 식당의 경우 노쇼가 발생하면 다른 손님을 받을 기회를 놓칠 뿐 아니라, 예약한 손님을 위해 준비한 음식 재료를 다시 사용할 수 없고 모두 버려야 해서 손해가 막심하다고 해.

착한 가게라고? 돈쭐내러 갑니다!

'돈쭐내다'란 '돈'과 '혼쭐내다'를 합한 말이야. 즉, '큰돈을 벌 수 있도록 물건을 팔아 준다'라는 좋은 뜻이지.

돈쭐낸다는 표현은 '진짜 파스타'라는 식당 때문에 널리 알려졌어. 2019년 이 식당을 운영하는 오인태 대표가 결식 아동·청소년들에게 무료로 파스타를 제공한다는 사실이 SNS를 통해 알려지면서 '착한 파스타'라는 이름으로 주목받기 시작했어. 오 대표가 소방 공무원들에게도 무료로 음식을 제공하거나 헌혈증과 파스타를 교환하는 등의 선행을 이어 온 것이 추가로 알려지자 "이 식당의 음식을 많이 팔아 주자!"면서 돈쭐내는 사람들이 등장한 것이지.

이 밖에 울산에서 일어난 산불로 피해를 입은 지역 주민들과 산불 진화에 참여한 소방관들에게 무료로 식사를 제공한다고 밝힌 중국 음식점, 장례식장에서 배달 애플리케이션으로 음식을 주문하자 조의금을 함께 보낸 식당 주인의 사연이 알려지면서 이 업소들도 돈쭐의 대상이 됐지.

착한 식당이 있다니 돈쭐내러 가 볼까?

사고력 UP

같은 돈이라면 정의로운 일을 하는 사람에게 쓰고 싶은 것이 인지상정(人之常情·사람이라면 누구나 가지는 보통의 마음)이지. 용돈으로 돈쭐낼 기회가 주어진다면 어떤 곳을 돈쭐내고 싶은지 그 이유와 함께 적어 봐.

가심비가 뭐니?

야호! 드디어 포켓몬빵을 구했어. 진짜 행복해!

거금 8000원을 들여서 포켓몬빵을 사느라 빈털터리가 됐다고? 너희 용돈에 8000원은 너무 비싼 거 같은데…….

뭐? 포켓몬빵은 가심비 아이템이라 전혀 비싸지 않다고? 저렴한 가격을 추구하는 가성비는 알겠는데 가심비는 뭘까?

가심비, 가격보다 내 만족이 먼저!

가심비는 정식 경제 용어가 아니야. 가격 대비 성능을 중시하는 '가성비'에서 파생된 신조어지. 가심비에 사용된 한자 '마음 심(心)'에서 알 수 있듯이 가격이 좀 비싸더라도 자신이 만족스러운 물건을 사는 것을 뜻해.

초콜릿을 예로 들어 볼까? A초콜릿은 싼 재료를 이용해 공장에서 대량 생산한 초콜릿으로 단돈 500원이지. 반면 B초콜릿은 파티시에(디저트를 전문적으로 만드는 사람)가 고급 코코아 가루로 만든 수제 초콜릿이야. 하나에 1만 5000원이라는 높은 가격이지. 가성비를 생각하면 저렴하게 달콤함을 맛볼 수 있는 A초콜릿을 선택해야겠지만 가심비를 중요하게 본다면 B초콜릿를 고른다는 이야기야.

요즘은 가성비보다 가심비가 대세!

대한상공회의소에서 실시한 설문 조사에서 •MZ세대가 자신의 소비 키워드로 가심비를 꼽았어. 2022년 우리나라를 들썩이게 한 '포켓몬빵 신드롬'도 가심비의 대표적 사례이지. 1998년 처음 출시된 포켓몬빵이 16년 만에 다시 등장하면서 너도나도 포켓몬빵 구하기에 뛰어들었어.

2030세대에게는 어릴 적 추억을 불러일으키고, 10대에게는 신선한 놀이처럼 여겨지면서 매장마다 •오픈런이 벌어질 만큼 수요가 폭발적으로 늘었어. 1500원짜리 빵이 당근마켓에서 몇 배의 가격에 거래될 정도로 포켓몬빵 구하기는 하늘의 별 따기였지.

- **MZ세대** : 1980년대 초~2000년대 초에 출생한 밀레니얼 세대와 1990년대 중반~2000년대 초반에 출생한 Z세대를 지칭하는 말. 디지털 환경에 익숙하고, 트렌드에 민감하며, 남들과는 다른 경험을 추구하는 경향이 특징이다.
- **오픈런** : 매장이 문을 열자마자 물건을 사기 위해 달려가는 행위

가치를 사는 가치 소비

가치 소비란, 환경 보호나 생명 윤리처럼 자신이 추구하는 가치와 통하는 상품을 찾는 소비를 뜻해.

예를 들어 볼까? 동물 실험을 하지 않거나 친환경 재료로 만든 제품을 판매하는 브랜드를 선호하는 경우가 그렇지. 롯데칠성음료는 2020년 환경 보호를 위해 국내 처음으로 생수 페트병 몸체에서 라벨을 없앴어. 출시 첫해 1010만 개가 팔린데 이어 2022년에는 무려 2억 9000만 개가 팔려 판매량이 폭발적으로 늘었지.

매출 일부를 좋은 목적으로 기부하기도 해. 액세서리 브랜드 델릭서는 매출의 일부를 유기동물 보호단체에 기부하고 후원 목록을 공개해.

방탄소년단(BTS) 멤버 정국이 착용한 유기견 후원 팔찌와 목걸이. 델릭서 제공

국내 최초로 라벨을 붙이지 않은 생수병을 소개하는 이미지. 롯데칠성음료 제공

 Taerang ✅

♥ A_Pollon님 외 여러 명이 좋아합니다.
봄맞이 가방 쇼핑으로 동물 보호 중♥

#동물보호   #가치소비   #미닝아웃   #멸종위기종을_살려주세요

나의 소비를 따르라! 미닝아웃

　가치 소비를 통해 자신의 가치관과 신념을 적극적으로 드러내는 행위를 두고 '미닝아웃'이라고 해. 미닝아웃은 의미를 뜻하는 영어 단어 '미닝(meaning)'과 정체성을 드러낸다는 뜻의 영어 표현 '커밍아웃(coming out)'이 합쳐진 신조어야.

　개인적인 차원에서 머물 수 있는 가치 소비와 달리 미닝아웃은 서로 영향을 주고받는 게 특징이야. 자기 가치관에 맞는 제품을 SNS에 올리고 해시태그(#) 기능으로 자신의 생각을 표현하면, 게시물을 보고 신념이 비슷하다고 느낀 사람들이 소비에 동참하기도 해.

사고력 UP

상품의 성능, 디자인, 맛, 가치관까지! 사람에 따라 가심비의 기준은 무엇이든 될 수 있어. 여러분의 가심비 기준은 뭐야? 자신만의 가심비 기준으로 구입한 아이템은 무엇인지 소개해 줘.

팬더스트리가 뭐니?

아이돌과 온라인으로 대화를 하다니! 어떻게 그런 일이 가능하냐고? 실제로 대화한 게 아니라 팬과 스타가 소통할 수 있는 '팬덤(팬의 무리) 플랫폼'에서 아이돌의 메시지를 받아 보는 서비스를 구독한 거야. 팬덤 플랫폼에서는 팬들이 자신이 좋아하는 연예인과 소통하는 서비스를 포함해 다양한 콘텐츠와 상품을 제공해.

팬들이 모여 팬덤을 이루면서 '팬더스트리' 시장도 급격히 성장 중이야. 팬더스트리란 뭘까?

팬덤의 힘으로 성장한 산업

팬더스트리란, 아이돌이나 스포츠에 열광하는 사람을 뜻하는 '팬(fan)'과 산업을 의미하는 '인더스트리(industry)'를 합한 신조어야. 한마디로 팬덤을 기반으로 한 산업을 의미해. 팬들이 돈을 쓰는 행동이 경제적인 가치로 연결된다면 모두 팬더스트리의 일종이라고 할 수 있어.

아이돌 팬의 하루

- **낮 12시** 오늘은 내 가수의 음원 공개일! 노래 스트리밍(재생)
- **낮 3시** 컴백 기념 앨범 구매
- **낮 5시** 팬덤 플랫폼으로 도착한 내 가수의 깜짝 메시지와 셀카♡
- **저녁 6시** 콘서트 시작 전 응원봉, 포토 카드 세트 사기
- **저녁 8시** 콘서트 보기♬

날로 커지는 K팝 팬더스트리 규모

투어링 데이터(미국의 콘서트 투어 박스오피스 집계 회사)가 공개한 '2022 전 세계 콘서트 매출액 순위 톱20'에 따르면 방탄소년단은 2022년 168만 8126장의 표를 팔아 1억 1828만 달러(약 1580억 원)를 벌었어. 공식 굿즈와 사진첩 등 다양한 MD 상품(기획 상품)도 팬들의 지갑을 열게 만들어.

전 세계 한류 팬은 2022년 기준 무려 1억 7000만 명! K팝 팬덤의 시장 규모는 약 8조 원 이상으로 추정돼. 팬더스트리의 규모도 점차 확대될 것으로 보여. 엔터테인먼트 회사들이 NFT(대체 불가능 토큰), 메타버스(온라인 가상 세계)와 같은 신산업에 적극적으로 뛰어들고 있거든. 코로나19가 끝나고 다시 시작된 아이돌의 해외 공연도 팬더스트리를 이끌어 갈 전망이야.

언제 어디서든 소통 가능한 팬덤 플랫폼이 뜬다

최근 인기를 누리는 팬덤 플랫폼은 팬과 연예인을 직접 이어 주는 서비스로 자리매김하고 있어. 과거에는 팬과 연예인이 만날 기회가 팬 사인회, 공연 등 오프라인(현장) 중심이었다면 이제는 팬덤 플랫폼의 활성화로 온라인에서 시공간 제약 없이 연예인과 소통할 수 있어.

2대 팬덤 플랫폼으로 꼽히는 버블과 위버스를 살펴보면서 팬더스트리 시장에서 왜 팬덤 플랫폼이 주목받는지 알아보자.

버블

버블에서는 팬들이 매달 일정 금액을 결제하면 자신이 좋아하는 아이돌, 스포츠 스타 등과 일대일 채팅창에서 메시지를 주고받을 수 있어. 구독을 시작한 날을 기념일로 설정하고 채팅창에 디데이(D-DAY)를 표시해 줘. 구독 기간이 길수록 채팅창에 적을 수 있는 글자 수가 늘어나.

- **운영 회사** SM엔터테인먼트 자회사 디어유
- **입점 스타** 백현(EXO), 윈터(에스파), 지수(블랙핑크) 등

위버스

위버스에서 각 소속사는 소속 연예인의 소식을 팬들에게 전하고 스타와 팬은 게시글과 댓글을 작성하며 소통하지. 위버스에서 제공하는 콘텐츠를 보려면 각 그룹의 유료 멤버십에 가입해야 해. 위버스 숍에서 굿즈도 구매할 수 있어.

- **운영 회사** 하이브 자회사 위버스컴퍼니
- **입점 스타** BTS, 제니(블랙핑크) 등

소속사를 움직이는 팬, 팬노베이터

팬들은 기업에 다양한 아이디어를 제공하는 '팬노베이터'로도 진화하고 있어. 팬노베이터란 '팬'과 '혁신가(innovator·이노베이터)'라는 뜻의 단어를 합한 말이야. 최근에는 K팝 팬들이 실물 앨범의 환경오염 문제를 지적하며 소속사에 구매한 앨범을 반환하는 운동을 벌이기도 했어. 실물 앨범 제작에 들어가는 종이와 CD, 포장재 등이 쓰레기를 만들어서 환경을 오염시킨다는 거지.

이에 여러 아이돌 그룹 소속사들이 그 대안으로 애플리케이션(앱)으로 노래를 감상하도록 만든 플랫폼을 내놓았어. 이처럼 이제 팬들은 단순히 연예인을 좋아하는 것에만 그치지 않고 기획부터 활동까지 전 과정에 적극적으로 관여해.

창작하는 팬, 크리에이터

팬들이 연예인 관련 콘텐츠를 편집해 광고 수익을 내거나 연예인을 활용한 굿즈를 만들어 파는 것은 •저작권이나 •초상권을 침해할 수 있기 때문에 불법이야. 하지만 앞으로는 소속사가 팬들의 이 같은 2차 창작 활동을 인정해 줄 수도 있어. SM엔터테인먼트가 제작한 콘텐츠를 팬들이 편집해 다시 새롭게 만들면 해당 콘텐츠를 SM엔터테인먼트의 •지식 재산권 지위를 가진 콘텐츠로 인정하기로 했거든.

• **저작권** : 인간의 사상이나 감정을 표현한 창작물인 저작물에 대해 갖는 배타적·독점적 권리
• **초상권** : 자신의 얼굴 등이 허가 없이 촬영되거나 또는 공표
  (여러 사람에게 널리 드러내어 알림)되지 않을 권리
• **지식 재산권** : 지적 활동으로 인해 발생하는 모든 재산권

유니콘 기업이 뭐니?

 말과 비슷한 모습의 유니콘은 머리에 뿔이 1개 우뚝 솟아난 전설 속의 동물이야. 그런데 상상 속 유니콘이 실제로 나타나고 있어. 바로 '유니콘 기업'이라 불리는 기업들이 전 세계에서 탄생하고 있거든.
 국내에도 20개가 넘는 유니콘 기업이 있지. 이영 중소벤처기업부 장관이 2022년 취임식에서 "•벤처 기업이 유니콘 기업으로 성장할 수 있도록 돕겠다."라고 말하기도 했어.
 유니콘 기업은 도대체 어떤 기업이기에 상상 속 동물의 이름이 붙은 걸까?

상상을 현실로 만든 유니콘 기업

유니콘 기업이란 기업의 가치가 10억 달러 이상인 •비상장 신생 벤처 기업을 말해. 미국의 벤처 캐피털(벤처 기업에 투자하는 회사) 카우보이 벤처스의 창업자 에일린 리가 처음으로 기업을 유니콘에 비유했어. 막 생겨난 회사가 1조 원 이상의 가치를 가지는 건 상상 속 동물인 유니콘을 보는 것만큼 불가능하다는 의미이지.

그런데 상상을 현실로 만든 기업이 속속 나오고 있어. 2022년에는 메가존클라우드, 시프트업, 아이지에이웍스, 여기어때컴퍼니, 오아시스, 트릿지, 한국신용데이터 등 7곳이 새롭게 국내 유니콘 기업에 이름을 올렸어.

2023년 6월 기준 전 세계 유니콘 기업은 1200개를 넘어섰어. 중소벤처기업부에 따르면 2024년 상반기 기준 국내에도 22개의 유니콘 기업이 있지.

구직자를 끌어당기는 스타트업

성장하는 •스타트업 업계에 우수한 인재들이 모여들고 있어. "대기업에 취업하거나 공무원으로 일하는 것이 최고."라 말하던 과거와는 사뭇 다른 모습이지.

우수한 직원 복지와 자율적인 기업 문화를 가진 스타트업은 MZ세대(1980~2000년대 초반에 태어난 밀레니얼 세대와 Z세대)로부터 긍정적인 평가를 받고 있어. 워라밸(일과

- **벤처 기업** : 첨단 기술과 아이디어로 사업에 도전하는 기업
- **비상장** : 증권 거래소에 매매(팔고 사는 것) 대상으로 등록되지 않음.
- **스타트업** : 신생 창업 기업. 미국의 실리콘 밸리에서 처음 사용되었다.

생활의 균형)과 수평적 의사 결정 구조를 선호하는 MZ세대들이 스타트업이 추구하는 가치에 공감하는 거야. 성장 가능성이 높은 기업에서 일하며 자신의 능력을 키우고, 자율적으로 일하면서 업무 성취감도 극대화할 수 있다고 판단하기 때문이지.

스타트업 인턴으로 근무하는 도준이의 사례를 살펴보자.

도준이는 어제는 오전 9시에, 오늘은 오전 10시 30분에 출근했어. 내일은 회사가 아닌 집에서 원격으로 근무할 계획이야. 정해진 근무 제도에서 벗어난 '유연 근무제'에 따라 일하고 있거든. 직원들은 자신의 생활 주기에 맞춰 원하는 시간대를 골라 자율적으로 근무해.

도준이는 회사에서는 Jun(준)으로 불려. 그의 회사에서는 대표님, 과장님 같은 직함 없이 서로 영어 이름을 부르거든. 직함에서 벗어나 자신의 의견을 자유롭게 말할 수 있고, 의견이 지위에 의해 판단되지 않는다는 장점이 있지.

유니콘의 10배, 100배? 데카콘과 헥토콘

데카콘, 헥토콘이라 불리는 기업도 있어. 데카(deca)는 10배를, 헥토(hecto)는 100배를 의미하는 영어 단어야. 여기에 유니콘의 '콘'을 붙여 만들었지. 기업 가치가 유니콘의 10배, 즉 100억 달러를 넘으면 데카콘으로, 100배인 1000억 달러를 넘으면 헥토콘이라 불러.

야놀자 — 데카콘 기업

여행 플랫폼인 야놀자는 쿠팡에 이어 국내 두 번째로 데카콘 기업이 됐어. 야놀자에서 숙소는 물론 교통수단부터 레저(여가) 프로그램과 식당까지 예약할 수 있지. 2022년에 인터파크를 인수하며 여행, 항공, 공연, 쇼핑 등으로 사업 영역을 확장했어.

바이트댄스 — 헥토콘 기업

숏폼(짧은 영상) 콘텐츠 기반 플랫폼 앱 '틱톡'을 운영하는 바이트댄스는 2020년 6월, 세계 최초로 헥토콘 기업이 됐어. 틱톡은 이용자가 영상을 쉽게 촬영하고 편집해 올리도록 해. 노래에 맞춰 춤을 추는 영상을 온라인에 공유하는 챌린지 문화의 유행도 틱톡의 이용자가 늘어나는 데 한몫했어.

스페이스X — 헥토콘 기업

일론 머스크가 이끄는 미국의 민간 우주 개발업체 스페이스X는 2021년 10월, 헥토콘 기업이 됐어.
스페이스X는 달과 화성에 화물과 사람을 옮기는 차세대 로켓 '스타십'을 개발 중이야. 2021년 9월에는 우주여행을 위해 사람을 태운 우주선을 발사했어. 위성을 지구 저궤도에 띄워 지구 전역에서 초고속 인터넷 서비스를 이용하도록 하는 '스타링크' 프로젝트도 진행하고 있지.

소비기한이 뭐니?

유통기한이 지난 우유나 식빵을 들고 먹어도 되나, 하며 냉장고 앞에서 고민에 빠진 적 없니? 그런 적 있다면 이제는 식빵과 우유를 버리기 전에 잠깐 멈춰! 유통기한이 지났더라도 소비기한은 지나지 않았을 수 있거든.

유통기한은 식품을 사람들에게 유통할 수 있는 기간, 즉 소비자에게 판매하도록 허용되는 기한을 의미해. 반면 소비기한은 소비자가 식품을 먹을 수 있도록 허용되는 기한이야.

2023년에 만들어진 식품은 소비기한이나 유통기한 중 하나를 골라서 표기하게끔 되어 있어. 2024년부터는 소비기한을 필수로 표기해야 하지.

같은 음식이라도 소비기한이 유통기한보다 길다는 데 그 이유는 뭘까?

유통기한에 대한 오해와 진실

Q. 유통기한이 하루 지난 우유, 무조건 버려야 할까?

A X 유통기한은 1985년에 도입됐어. 당시 식품 제조 기술과 냉장 유통 환경이 지금처럼 좋지 않아 비교적 엄격하게 유통기한을 정한 거야. 소비기한은 식품을 안전하게 먹을 수 있는 기간의 80~90% 수준으로 정해져. 각 식품에 맞는 보관 방법만 잘 지키면 소비기한을 적용해도 소비자들이 식품을 안전하게 먹을 수 있어.

Q. 유통 환경이 좋지 않으면 유통기한도 짧아질까?

A O 유통기한은 일반적으로 식품을 안전하게 먹을 수 있는 기간의 60~70% 수준으로 정해지기 때문에 우유를 뜯지 않고 냉장 보관했다면 유통기한이 조금 지난 우유는 먹어도 괜찮아.
　하지만 냉장고의 온도와 우유를 개봉한 시간 등에 따라 우유 상태가 달라질 수 있으니 마시기 전에 꼭 확인해야 해. 우유 한 방울을 물에 떨어뜨려서 가라앉는다면 마셔도 되지만, 우유 냄새가 시큼하거나 덩어리가 생기기 시작했다면 마시지 않도록!

소비기한으로 바뀐 이유는 뭘까?

음식물 쓰레기 줄이기

2013년, 식품의약품안전처(식약처)에서 실시한 설문조사에 따르면 "유통기한이 지난 식품은 먹지 않고 버려야 한다."라고 답한 사람은 약 56%였어. 먹을 수 있는 음식이어도 2명 중 1명은 유통기한이 지나면 버린다는 거야.

2021년 기준 우리나라의 생활 폐기물 중 약 21.5%는 음식물 쓰레기로 한 해에 나온 음식물 쓰레기만 488만t(톤)이야. 1명이 매일 0.25kg의 음식물 쓰레기를 배출하는 셈이지. 소비기한은 실제로 음식을 섭취할 수 있는 기간을 알려 주기 때문에 먹을 수 있는데도 버려지는 음식물이 줄어들 수 있어. 당연히 음식물 쓰레기 처리 비용도 크게 줄겠지?

온실가스 줄이기

유엔환경계획(UNEP)에서 발표한 「음식물 쓰레기 지수 보고서 2021」에 따르면 세계적으로 매년 10억t의 음식물이 버려져. 이 과정에서 배출되는 온실가스가 전 세계 온실가스 배출량의 8~10%를 차지해. 소비기한 덕분에 음식물 쓰레기가 줄어드니 음식물 처리 과정에서 발생하는 온실가스도 자연스레 줄겠지?

소비기한 사용은 세계적인 추세

유럽연합(EU), 미국, 일본, 호주 등 전 세계 주요 선진국들도 유통기한보다 소비기한을 주로 사용해. 국제식품규격위원회(CODEX)는 "소비자가 유통기한을 식품을 버리는 시점으로 오해할 수 있다."라는 이유로 2018년 식품 표시 규정에서 유통기한을 삭제하기도 했어.

식품에 소비기한이 표시되면 무엇이 바뀔까?

	과자	요구르트	빵	우유	소시지	두부
유통기한	45일	18일	20일	16일	39일	17일
소비기한	81일	32일	31일	24일	56일	23일

식품 유형별 유통기한과 소비기한의 차이

자료 : 식품의약품안전처

　식품의약품안전처는 주요 식품에 대해 권장 소비기한을 정해 공개했어. 하지만 유통 과정에서 식품 품질이 변할 가능성이 높은 식품은 냉장 보관 기준을 고려해야 해.

　소비기한 표시제에 따라 식품마다 다른 보관 방법을 철저히 지켜야 해. 냉장 보관해야 하는 식품은 온도를 0~10도, 냉동 보관해야 하는 식품은 영하 18도 아래로 유지해야 하지. 아, 소비기한이 지난 식품은 절대 먹으면 안 된다는 것 잊지 마!

치킨게임이 뭐니?

무슨 일이지? 아침부터 마트에 사람들이 바글바글해. 홈플러스, 이마트, 롯데마트 등 대형 마트에서 우리가 흔히 배달해 먹는 프랜차이즈 치킨 한 마리 가격의 절반도 안 되는 저렴한 치킨을 선보였대. 치솟은 치킨값에 지친 소비자들은 이른바 '반값 치킨'의 등장에 뜨거운 반응을 보였지. 갑자기 치킨값이 왜 저렴해진 걸까? '치킨게임(chicken game)'이라는 용어를 통해 살펴보자!

피하는 순간 치킨이 된다

치킨게임은 어느 한쪽이 양보하지 않으면 양쪽 모두 파국으로 치닫는 극단적인 상황을 뜻해. 1950년대 미국의 젊은이들 사이에서 유행한 자동차 게임에서 유래됐지.

치킨게임은 두 사람이 각자의 차를 타고 서로를 향해 정면으로 돌진하는 방식으로 진행됐어. 끝까지 직진하는 사람은 승자, 충돌하기 직전에 먼저 핸들을 꺾는 사람은 패자가 됐어.

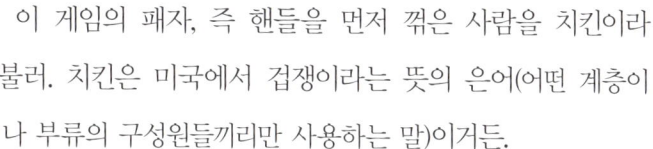

이 게임의 패자, 즉 핸들을 먼저 꺾은 사람을 치킨이라 불러. 치킨은 미국에서 겁쟁이라는 뜻의 은어(어떤 계층이나 부류의 구성원들끼리만 사용하는 말)이거든.

치킨게임을 하는 기업들

치킨게임은 경제나 정치 등에서 양쪽 모두 파국으로 치닫는 극단적인 상황을 가리키는 용어로 자주 쓰여.

같은 물건을 파는 A기업과 B기업이 있다고 가정해 볼까? A기업이 물건의 가격을 낮추면 소비자들은 A기업의 제품만 구매할 거야. B기업은 소비자들을 A기업에 모두 빼앗길 순 없으니 A기업보다 가격을 더 낮추겠지. 마치 서로를 향해 돌진하는 두 대의 자동차처럼 치열한 가격 경쟁을 하는 거야.

이 과정에서 경쟁을 이겨 내지 못하고 핸들을 꺾는 기업, 즉 가격 경쟁을 더 하지 못하는 기업은 시장에서 퇴출당하겠지. 반면 게임에서 이긴 기업의 영향력은 더욱 커져. B기업이 시장에서 사라진 뒤 A기업은 다시 제품의 가격을 올려 소비자에게 팔면 그만이거든.

대형 마트에서 치킨게임이 벌어진 이유는?

싸야 팔린다

2020년 기준, 우리나라 성인 1명이 1년에 먹는 닭고기는 15.8kg이고, 치킨 프랜차이즈 전체 가맹점 수는 2021년 말 기준 3만 개에 육박해.

그런데 국내 3대 치킨 프랜차이즈 업체인 교촌치킨, BBQ, BHC가 연달아 치킨 가격을 올렸어. 한 마리에 2만 원이 넘는 치킨 가격에 소비자들이 부담을 느끼자 홈플러스가 6990원에 내놓은 '당당치킨'이 주목받기 시작했지. 이후 이마트와 롯데마트도 덩달아 초저가 치킨을 내놓으며 치킨 가격 경쟁이 시작된 거야.

파격적인 치킨값의 비밀

치킨 프랜차이즈 업체가 치킨 가격을 올리는 가운데 대형 마트는 어떻게 치킨 가격을 확 낮추었을까?

대형마트는 닭, 식용유 등의 주요 재료를 대량으로 사서 단가(물건 한 단위의 값)를 낮출 수 있었어. 프랜차이즈 가맹점의 경우 본사와 배달 플랫폼 등에 내야 하는 수수료와 광고비 등을 비롯해 점포를 운영하는 데도 많은 비용이 들어. 그렇지만 대형 마트는 마트에서 직접 판매하기에 이런 비용이 추가로 들지 않아. 또한 마트 내 조리 시설과 인력이 이미 마련되어 있기 때문에 낮은 가격으로도 치킨을 판매할 수 있는 거야.

치킨게임, 소비자에게 어떤 영향을?

치킨게임이 벌어지면 초저가로 구입

업체들끼리 치킨게임을 하는 동안 소비자들은 싼 가격에 물건을 구매할 수 있어. '당당치킨'은 출시 이후 약 50일간 46만 마리가 팔리며 큰 인기를 끌었어. 이에 대형 마트들은 피자 등 다른 식품의 가격도 낮추었지.

게임이 끝나면 가격은 다시 상승

치킨게임이 소비자에게 좋은 결과만 가져다주는 건 아니야. 만약 치킨게임이 오래 지속된다면 여기에 참여한 기업뿐만 아니라 소비자에게도 피해가 갈 수 있거든.

기업들은 이전보다 낮은 가격에 물건을 판매한 탓에 손해를 입기도 하지. 2007년, 반도체 업계에서는 D램(반도체에서 일시적으로 데이터를 기억하는 장치) 메모리 반도체값이 크게 떨어지는 극단적 치킨게임이 벌어졌어. 결국 2009년 독일의 D램 메모리 반도체 업체인 '키몬다'가 큰 손해를 입고 파산했지.

게임이 끝난 뒤 살아남은 기업들은 그동안의 손해를 메우기 위해 가격을 올릴 수도 있어. 결국 이 부담은 소비자가 고스란히 지게 된다고!

초고액 자산가가 뭐니?

우리나라에는 모두 몇 명의 백만장자가 있을까? 백만장자는 100만 달러, 우리 돈으로 약 13억 원 이상의 자산을 보유한 사람을 말해. 글로벌 투자 은행 크레디트스위스가 발표한 「글로벌 부 보고서 2022」에 따르면 2021년 기준, 우리나라 성인 중 백만장자는 129만 명이었어. 같은 해 한국의 인구는 5174만 명이었으니 인구 40명당 1명이 백만장자인 셈이지.

과거에는 부의 기준으로 여겨졌던 백만장자. 13억 원의 돈이 결코 적지는 않지만, 돈의 가치가 변하면서 이를 부자의 기준으로 삼기에는 어렵다는 이야기도 나와. 이제 백만장자 대신 '초고액 자산가'가 새로운 부의 기준으로 떠오르고 있다고.

18세기에는 손에 꼽히던 백만장자

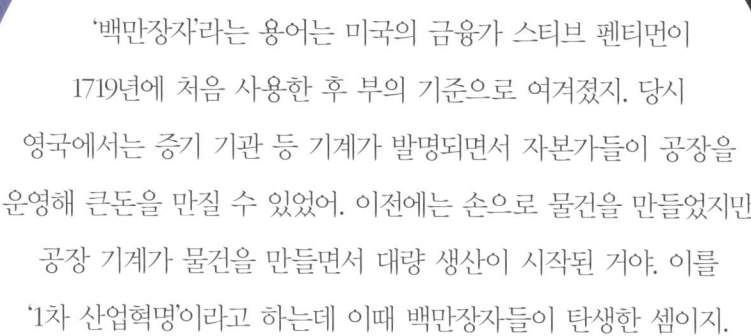

'백만장자'라는 용어는 미국의 금융가 스티브 펜티먼이 1719년에 처음 사용한 후 부의 기준으로 여겨졌지. 당시 영국에서는 증기 기관 등 기계가 발명되면서 자본가들이 공장을 운영해 큰돈을 만질 수 있었어. 이전에는 손으로 물건을 만들었지만 공장 기계가 물건을 만들면서 대량 생산이 시작된 거야. 이를 '1차 산업혁명'이라고 하는데 이때 백만장자들이 탄생한 셈이지. 「글로벌 부 보고서 2022」에 따르면 2021년 말 기준 세계의 백만장자 수는 6248만 3000명이야. 이 수는 2026년까지 8756만 2000명으로 늘 것으로 예상돼.

700억 원이 넘는 자산 가진 초고액 자산가

100만 달러 이상의 자산을 가진 사람들이 늘면서 백만장자는 더 이상 손에 꼽히는 부자로 인식되지 않아. 이에 '초고액 자산가'라는 말이 생겼어. 초고액 자산가는 순자산이 5000만 달러, 우리 돈 약 650억 원이 넘는 사람을 가리키는 말이지. 2021년 말 기준 전 세계의 초고액 자산가는 26만 4200명이야. 우리나라에는 3886명의 초고액 자산가가 있어. 미국(14만 1135명)과 중국(3만 2706명), 독일(9724명) 등에 이어 세계에서 11번째로 많아.

백만장자가 더는 부자가 아닌 이유

13억 원, 즉 100만 달러라는 숫자는 같은데 왜 18세기에는 부자고 2022년에는 선뜻 부자라 할 수 없는 걸까?

물가는 오르고, 돈의 가치는 떨어지고

1970년에는 1000원을 가지고 아이스크림콘 20개를 살 수 있었다면 지금은 1개도 사기 힘들어. 물건이나 서비스의 가격, 즉 물가가 올랐기 때문이지. 물가가 매년 조금씩 오르면서 같은 돈으로 예전보다 적은 양의 물건을 살 수밖에 없게 됐고, 결국 시간이 갈수록 돈의 가치가 떨어지는 거지.

 돈을 부르는 산업혁명

역사적으로 산업혁명을 거치면서 사람들은 점점 더 큰돈을 벌 수 있게 됐어. 전기를 이용해 물건을 대량으로 만들 수 있게 된 2차 산업혁명을 거쳐 인터넷이 발달한 3차 산업혁명으로 •정보화와 •자동화가 이루어졌지. 로봇이나 인공지능 등으로 실생활과 가상 세계가 연결되는 4차 산업혁명 시대에는 산업 간의 경계가 흐려지며 더 높은 •부가가치가 만들어지고 있어.

다양해진 돈 버는 방법

예전에는 일을 한 대가로 받는 근로 소득으로만 돈을 벌었다면, 이제는 근로소득 외에도 개인이 다양한 투자를 통해 자산을 불리고 있지.

코로나19가 유행한 이후 세계 각국의 정부가 경제 위기를 막기 위해 시장에 큰돈을 풀면서 사람들은 부동산과 가상 화폐, 주식 등에 투자해 이익을 얻었어.

- **정보화** : 정보를 중심으로 사회나 경제가 운영되고 발전되어 가는 것.
- **자동화** : 다른 힘을 빌리지 않고 기계 스스로 움직이거나 작용함.
- **부가가치** : 물건이나 서비스의 생산 과정에서 새로 덧붙인 가치

억만장자와 조만장자의 탄생

이제는 초고액 자산가를 넘어 억만장자는 물론 조만장자도 탄생할 수 있다는 전망이 나와. 2022년 9월, 한국에서 세계 최연소 억만장자가 나왔어.

억만장자란 순자산이 10억 달러(약 1조 3000억 원)가 넘는 사람을 말해. 2022년 2월 세상을 떠난 넥슨의 창업자 고 김정주의 둘째 딸이 그의 재산을 상속받으면서 당시 18세의 나이로 세계 최연소 억만장자가 됐지.

베르나르 아르노 ⓒJérémy Barande

세계에서 손에 꼽히는 부자가 누구인지 궁금하다면 미국의 경제 매체 「블룸버그 통신」의 '블룸버그 억만장자 지수'를 살펴봐. 2023년 5월 19일 기준 1위는 프랑스의 루이비통그룹 회장 베르나르 아르노야. 2위는 미국의 전기 자동차 업체 테슬라의 최고경영자(CEO)이자 민간 우주기업 스페이스X를 이끄는 일론 머스크, 3위는 미국의 인터넷 종합 쇼핑몰 아마존과 민간 우주기업 블루오리진의 창업자인 제프 베이조스이지.

곧 자산이 1조 달러(약 1300조 원)가 넘는 조만장자도 등장할 것으로 보여.

일론 머스크 ⓒU.S. Air Force Image by Trevor cokley

미국의 투자 은행 모건스탠리는 일론 머스크가 인류 최초로 조만장자가 될 것이라고 내다봤어. 제프 베이조스 역시 유력한 조만장자 후보로 떠오르고 있는데, 두 사람 모두 우주 개발에 뛰어들며 미래 산업에 투자하고 있어 높은 평가를 받았어.

제프 베이조스 ⓒU.S. Space Force image by Van Ha

체리슈머가 뭐니?

해마다 유행하는 소비 트렌드를 분석하고 소개해 주는 책 『트랜드 코리아』에 재밌는 용어가 등장했어. 바로 '체리슈머'이지.

'체리슈머(cherrysumer)'란 한정된 자원을 더욱 잘 쓰기 위해 최대한 알뜰하게 소비하는 전략적인 소비자를 가리키는 말이야. 물건이나 서비스를 거의 구입하지 않으면서 관련 혜택만 챙기는 사람을 뜻하는 용어 '체리피커(cherry picker)'에서 비롯됐지.

그런데 체리슈머들 사이에서도 제각기 다른 전략을 쓴다는 사실! 현명한 소비자들의 소비 전략을 들여다보자.

불황을 이기는 똑똑한 소비

체리피커는 자신에게 유리한 것만 선택한다는 점에서 부정적인 의미로 여겨졌어. 하지만 체리슈머는 달라. 보통 경제 상황이 안 좋으면 소비를 줄이거나 포기하기 마련인데, 체리슈머는 자신이 가진 자원 내에서 창의적이고 똑똑하게 돈을 활용한다는 점에서 긍정적인 의미로 쓰이지. 체리슈머는 똑똑한 소비를 위해 어떤 전략을 사용할까?

조각 전략

소량으로 포장된 물건을 필요한 만큼 구입하는 전략이야. 양이 적은 만큼 가격도 싸고 쓰레기도 줄일 수 있어 일석이조의 효과가 있지.

반반 전략

배달비가 부담될 때 동네 사람들과 같은 음식점에서 주문하고 배달비를 나누거나, 물건을 살 때 여러 사람과 함께 비용을 나누어 공동 구매하는 등의 전략이야.

말랑 전략

보고 싶은 영화나 드라마가 있는 달에만 온라인 동영상 서비스(OTT)를 유연하게 구독하는 전략이야. 콘텐츠를 보지 않는 동안 낭비되는 돈을 줄이면서 원하는 콘텐츠를 챙겨 볼 수 있지.

슬기로운 소비 생활을 하는 다양한 소비자들

꼼꼼히 따져 보고 산다! 스마슈머

똑똑하다는 뜻의 '스마트(smart)'와 소비자라는 의미의 '컨슈머(consumer)'를 합친 말이야. 스마슈머는 제품의 원재료와 가격, 효과 등을 꼼꼼히 파악하고 더 나은 제품을 구입하는 소비자를 말해. 제품 후기를 소셜네트워크서비스(SNS)에 올리며 소비 경험을 공유하기도 해.

직접 써 보고 결정한다! 트라이슈머

트라이슈머는 시도한다는 뜻의 '트라이(try)'와 컨슈머를 합친 말이야. 이들은 브랜드의 유명세나 광고에 따라 물건을 사지 않고 샘플 제품을 직접 사용하면서 효과를 확인한 후에 소비를 결정해.

가치 있게 소비한다! 미코노미

자신을 뜻하는 '미(me)'와 경제를 의미하는 '이코노미(economy)'가 더해진 말이야. 자신에게 가치 있는 소비에 적극적으로 지갑을 여는 소비 형태를 말해. 이를 테면 친환경을 중요하게 생각한다면 환경에 도움이 되는 제품을 사는 식이지.

현명한 소비자가 점점 더 많아지는 이유?

높아지는 물가에 소비 부담도 높아져

2023년 1분기(1~3월), 우리 국민의 구매 능력을 나타내는 국내 총소득(GDI)은 2022년보다 1.1%가 감소했어. 2019년에 국내 총소득 지수가 -0.1%였는데 이후 3년 만에 역성장이 벌어진 셈이지. 감소 폭은 1998년의 -7.0% 이후 최대치야. 소비 행위에 대한 부담이 크니 한 푼이라도 더 아끼려는 사람이 늘었고, 소비할 때도 꼼꼼하게 따져 보는 거야.

발 빠르게 소비 정보를 나누는 인터넷 환경

언제 어디서든 인터넷을 할 수 있는 기술의 발달도 똑똑한 소비자를 늘리는 데 큰 몫을 했어. 먼저 상품을 구매한 소비자들의 후기를 온라인으로 확인하고 최저가 정보, 할인 행사 등의 소식을 발 빠르게 공유하는 환경이 갖춰진 거야.

취향이 확고한 Z세대 소비자들

Z세대(1990년대 중반~2000년대 초반에 태어난 세대)는 자신의 취향을 드러내는 소비를 주로 해. 이들이 사회에서 자리를 잡고 경제 활동을 하기 시작하면서 '미코노미' 같은 소비자가 점점 많아졌어.

옷을 구입하기 위해 꼼꼼히 살펴보는 소비자

립스틱 효과가 뭐니?

경제 상황이 좋지 않아 소비가 꽁꽁 얼어붙는 시기에도 오히려 판매량이 쑥쑥 오르는 상품이 있어. 바로 입술에 바르는 화장품인 립스틱이야. 미국의 일간 신문 「월스트리트저널」은 2022년 립스틱 판매량이 2021년에 비해 40% 정도나 늘어났다는 조사 결과를 보도했어.

우리나라도 예외는 아니야. 화장품 업체 한국콜마는 2022년 1~9월, 립스틱 판매량이 2021년보다 150% 넘게 늘었다고 발표했어.

경제가 어려울수록 립스틱이 많이 팔리는 이런 상황에는 어떤 심리가 숨어 있을까?

나를 위한 작은 사치

경제 상황이 좋지 않아도 립스틱 같은 제품의 판매량이 늘어나는 현상을 '립스틱 효과'라고 해. 왜 유독 립스틱만 많이 팔리는 걸까?

백화점이나 화장품 가게에서 파는 화장품은 10만 원이 훌쩍 넘는 경우가 많아. 립스틱은 대략 1~5만 원 선으로 비교적 저렴한 편이지. 립스틱을 구매함으로써 소비자는 비교적 적은 금액으로 자신의 품위를 유지하는 소비를 했다는 충족감과 함께 사치품을 샀다는 만족감까지 느끼지.

여성들이 립스틱으로 이런 효과를 누린다면 남성들은 벨트나 지갑 등에 비해 다소 저렴한 넥타이를 사며 만족감을 느껴. 이를 '넥타이 효과'라고 불러.

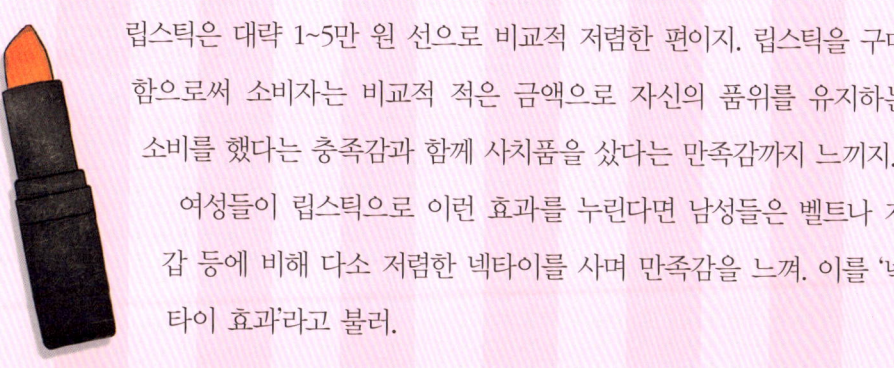

대공황인데도 립스틱은 잘 팔리네

립스틱 효과는 1930년대 대공황 이후 생겨난 말이야. 1929년 미국 뉴욕의 주식 거래소에서 주가(주식의 가격)가 크게 떨어지면서 영국, 프랑스, 러시아, 독일 등 여러 나라의 경제도 큰 타격을 받았어. 그 여파가 1939년까지 이어지며 큰 경제적 혼란을 불러와서 '대공황'이라고 불리지.

당시 경제 상황이 아주 안 좋았는데도 립스틱 판매량만 늘어나는 이상 현상이 일어났어. 이 상황을 흥미롭게 관찰한 경제학자들은 불황에도 자신의 형편에 맞는 작은 사치품을 사며 합리적인 소비를 이어나간다는 뜻에서 '립스틱 효과'라는 말을 만들어 냈지.

이후 미국의 화장품 회사 에스티로더에서 2001년에 립스틱 판매량으로 경제 상황을 가늠하는 '립스틱 지수'를 발표하기도 했어.

비쌀수록 잘 팔리는 명품의 비밀

경기가 좋지 않은 시기에도 대표적인 명품 브랜드는 예외였어. 프랑스의 3대 명품으로 유명한 에르메스, 루이비통, 샤넬이 모두 가격을 줄줄이 올렸음에도 '없어서 못 산다'는 이야기가 나올 정도로 판매량에 영향을 주지 않았지. 값이 비싸졌음에도 여전히 많이 팔리는 이런 현상을 일컫는 경제 용어로는 무엇이 있을까?

비쌀수록 잘 팔린다, 베블런 효과

미국의 사회학자 소스타인 베블런은 그의 책 『유한계급론』에서 "부유한 사람들은 일반인과 구별되려는 욕구가 있다."라고 말하면서 비싸고 질 좋은 상품인 명품은 값이 오를수록 판매량이 늘어난다고 설명했어. 이를 '베블런 효과'라고 하지.

1년 사이 4번이나 가격을 올렸는데도 높은 판매량을 자랑하는 샤넬은 베블런 효과를 보여 주는 대표적인 사례야. 소비자들이 샤넬 매장 앞에 줄을 서 있다가 운영이 시작되자마자 소비를 시작하는 '오픈런'은 여전히 일어나고 있지.

저거 사면 나도 부자? 파노플리 효과

베블런 효과와 비슷한 경제 용어로 '파노플리 효과'가 있어. 어떤 상품을 사면 그것을 사는 사람과 같은 집단으로 생각하는 현상을 가리키는 말이야.

1900년대를 대표하는 프랑스의 사회학자 장 보드리야르는 소비자는 자신이 생각하는 이상적인 자아를 반영해서 소비한다고 주장했어.

호화로운 집에 살고 비싼 자동차를 타며 고급 음식점을 이용하려는 모습이 바로 그 예이지. 이런 것은 꼭 그것이 필요하다기보다는 유행을 이끄는 선두 집단에 포함되고 싶은 마음에서 비롯된 소비라는 거야.

햄버거로 경제를 안다고?

립스틱 지수처럼 경제 상황이 좋은지 나쁜지 판단하는 데 쓰이는 특별한 지수들을 소개할게.

햄버거 값으로 화폐 가치 파악, 빅맥 지수

빅맥 지수는 세계 여러 나라의 맥도널드에서 파는 '빅맥'의 값을 기준으로 각 나라의 화폐 가치를 판단하는 지수야. 영국의 경제 주간지 「이코노미스트」가 1986년에 만든 이후 매년 1월과 7월에 발표해.

빅맥 지수 1위는 물가가 높기로 유명한 스위스야. 2024년 1월 기준 스위스의 빅맥은 8.17달러(약 1만 1000원)로 우리나라 빅맥 가격의 2배에 가까운 값이야.

커피와 고급 자동차로 경제 살펴보기

최근엔 빅맥 지수처럼 특정 상품을 기준으로 화폐 가치를 비교하는 지수가 여럿 등장했어. 전 세계 여러 나라에 매장이 있는 스타벅스의 카페라테 가격을 비교해 환율 수준이 적정한지 판단하는 '스타벅스 지수'가 그 예이지.

미국의 「블룸버그 통신」이 만든 '테슬라판 빅맥 지수'도 주목을 끌고 있어. 전 세계에서 팔리는 테슬라의 전기차값을 경제 지표로 삼아 테슬라의 공식 가격과 실제 그 나라에서 소비자가 체감하는 전기차값을 비교한 거야.

잘파세대가 뭐니?

데이트 중인 두 친구. 가격보다는 취향이 먼저! 마음에 쏙 드는 신발을 고르고, 메타버스 가상 현실 매장에서 미리 구경한 신상 떡볶이도 먹으러 갈 거야. 셀프 사진관에서 좋아하는 아이돌 포즈로 인생샷을 찍고 나면 취향대로 사진을 꾸며서 소셜네트워크서비스(SNS) 프로필에 올릴 예정이야.

이런 모습은 요즘 잘파세대 사이에서 쉽게 볼 수 있어. 잘파세대는 1990년대 중반에서 2000년대 초반에 태어난 Z(제트)세대와 2010년대 이후 출생한 α(알파)세대가 합쳐진 표현이야. 즉, 10대와 20대를 의미하지.

한때 중요한 소비층으로 주목받던 MZ세대가 20대부터 40대까지를 모두 아우르는 표현이라면 잘파세대는 그보다 더 젊은 세대를 지칭해.

최근 이 잘파세대의 소비가 시장 곳곳에 영향력을 발휘하고 있어. 대체 잘파세대의 소비는 MZ세대의 소비와 어떻게 다른 걸까?

특징1 디지털은 잘파세대의 놀이터

MZ세대의 중심이 되는 밀레니얼세대는 성장 과정에서 점차적으로 디지털을 경험한 세대야. 반면 잘파세대는 컴퓨터와 스마트폰이 대중화된 시기에 태어나 완전한 디지털 세상에서 자라난 세대이지. 밀레니얼세대처럼 디지털을 '선호(digital first)'하는 것이 아니라 디지털이 '전부(digital only)'라고 여기며 온라인도 오프라인 공간처럼 인식해. 어릴 때부터 인공지능(AI)이나 메타버스와 같은 새로운 기술을 경험하면서 이런 기술을 활용하는 데 거부감이 없는 것이 특징이야.

맞춤 마케팅 잘파세대 맞춤 서비스 나갑니다~

기업들은 이런 잘파세대 맞춤 서비스를 내놓으며 그들의 마음을 사로잡으려 해. 이를 테면 학습형 메타버스가 있어. 사용자들은 AI 캐릭터들과 자유롭게 대화하고 퀴즈를 풀며 지식을 쌓을 수 있어. 한 아이스크림 업체는 생성형 AI 프로그램 챗GPT를 이용해 광고 영상을 제작해 잘파세대의 눈길을 끌었어. 챗GPT에 산리오의 유명 캐릭터 쿠로미와 마이멜로디가 주인공인 동화를 만들어 달라고 하고, 그 내용을 각색해 광고 영상으로 만든 거지.

특징2 잘파세대 소비의 기준은 나

잘파세대와 MZ세대는 소비 취향도 달라. MZ세대는 자신이 쓰는 물건이 스스로가 어떤 사람인지 보여 준다고 생각해. 유행하는 상품을 구매해야 자신이 트렌드에 민감한 사람으로 보일 수 있다고 생각하는 거지. 자신의 가치를 드러내기 위해 명품 구매에도 적극적이야.

반면 잘파세대는 무엇보다 '나'가 중요해. 유행이나 가격, 브랜드보다 자기 만족을 더 중요하게 여기는 세대이지. 그래서 내가 좋아하는 아이돌이 사용한 제품이나 내 마음에 든 디자인의 상품을 구매해. 이렇게 자신의 취향에 맞는 제품을 선택하다 보니 잘파세대 내에서도 그들의 소비는 노브랜드 상품(상표가 부착되지 않은 상품)부터 명품까지 그 층위가 다양한 것이 특징이야.

맞춤 마케팅 나만의 색 드러내는 커스텀

기업들은 나를 중요하게 생각하는 잘파세대를 공략해 '커스텀(custom·주문 제작)' 상품을 속속 내놓고 있어. 커스텀 제품은 기존 제품에 개인이 원하는 디자인이나 요구 사항을 반영해 제작하는 제품을 말해.

한 엔터테인먼트사가 최근 선보인 스마트폰 케이스가 대표적이야. 이 상품은 원하는 아이돌 사진, 문구 등으로 디자인하고 주문하는 케이스를 출시해 잘파세대의 뜨거운 반응을 얻고 있어. 카카오톡은 최근 이모티콘 스티커를 이용해 이용자의 프로필을 꾸미는 기능을 도입했어. 다꾸(다이어리 꾸미기), 폰꾸(휴대전화 꾸미기) 등 다양한 물건을 자신의 취향대로 꾸미는 잘파세대의 특성에 맞춰 프로필을 꾸밀 수 있도록 한 거야. 나의 취향이 중요한 잘파세대의 입맛에 딱이지?

특징3 엄마 카드, 삼촌 찬스의 힘

잘파세대는 가족의 소비에 큰 영향을 미쳐. 상당수 잘파세대는 자녀가 1, 2명뿐인 가족의 구성원으로 태어나 자라. 형제자매가 거의 없다 보니 자연스럽게 가족의 관심과 애정을 독차지하겠지?

자신을 위해서는 신발 한 켤레도 잘 사지 않는 할아버지가 손주를 위해 값비싼 최신 게임기를 사 주거나, 부모님이 큰맘 먹고 하나뿐인 자녀가 원하는 태블릿PC를 사 주는 것처럼 말이야. 이렇게 한 명의 자녀를 위해 여러 명이 소비하는 현상을 '텐 포켓(ten pocket·한 명의 아이에게 열 명이 지갑을 연다.)'이라고 불러.

맞춤 마케팅 잘파세대 가족의 지갑을 열어라

잘파세대만 잘 공략하면 여러 주머니에서 돈이 나올 수 있으니 기업이 놓칠 리 없지. 유통업계는 기존의 박리다매(저렴한 상품을 많이 팔아 이익을 냄.) 전략 대신 하나를 팔아도 질 좋은 제품을 비싸게 판매하는 프리미엄 전략을 택하고 있어.

그래서 고물가, 저출산에도 불구하고 키즈 산업은 고가의 제품이 인기를 끄는 프리미엄 시장이 형성되고 있어. 그러다 보니 아동용 제품에 주력하지 않던 브랜드도 잘파세대를 둔 가족의 지갑을 공략하기 위해 아동용 제품 분야로 판매를 넓히기도 하지.

그린 스완이 뭐니?

최근 세계 곳곳에서 그린 스완을 막아야 한다는 목소리가 높아. 깃털이 초록색인 독특한 백조를 떠올릴 수도 있겠지만, 사실 그린 스완은 시장 경제에 무시무시한 존재야. 기후 위기가 일으킬 수 있는 대규모 경제 위기를 뜻하는 말이거든.

각 나라의 중앙은행을 조율하는 협력 기관인 국제결제은행(BIS)이 「기후 변화

시대의 중앙은행과 금융 안정 보고서』에서 "기후 변화는 자연 생태계와 시민 사회를 위협할 뿐 아니라 금융 위기를 초래할 수 있다."라며 그린 스완이라는 표현을 사용하면서 쓰이게 됐지.

대만의 중앙은행은 앞으로 그린 스완이 벌어질 가능성을 경고하며 다가올 기후 변화를 예측해 물가 정책 등에 반영하겠다는 계획을 발표하기도 했어.

대체 백조와 경제는 무슨 관계이기에 이토록 세계가 긴장하는 걸까?

기후 변화가 흔드는 경제, 그린 스완

2022년 2월, 제주에 역대급 한파와 폭설이 찾아오면서 농작물이 얼어붙는 피해가 벌어졌어. 남은 농작물을 더는 얼지 않게 하려고 비닐하우스에 난방을 계속 가동하느라 채소 생산 비용이 전년보다 최소 1.5배 이상 껑충 뛰었지.

덩달아 우리 식탁에 올라오는 채소도 아주 비싸졌어. 한파가 찾아왔을 당시 당근 1kg의 가격은 대형 마트 기준 4480원이었어. 그로부터 1년 전인 2021년 2월에는 당근값이 2980원이었으니 무려 50%나 넘게 오른 거야.

이렇게 폭설, 폭염, 홍수 같은 자연재해가 경제 전반에 영향을 미치는 현상을 '그린 스완'이라고 해. 이외에도 자연재해로 피해를 입은 지역을 복구하느라 비용을 들이는 것 역시 국가 재정에 타격을 주기 때문에 그린 스완에 해당하지. 최근 지구 온난화를 비롯하여 세계 곳곳에 이상 기후가 자주 나타나면서 그린 스완을 조심해야 한다는 목소리가 나와.

예측할 수 없는 경제 폭탄, 블랙 스완과 네온 스완

그린 스완은 경제 용어 '블랙 스완(검은 백조)'에서 비롯된 표현이야. 17세기 후반, 호주에서 실제로 검은색 백조가 발견됐어. 도저히 일어날 것 같지 않은 일이 실제로 일어난 거지. 이 사건에서 아이디어를 얻어 예측하지 못한 사건으로 벌어지는 경제 위기를 '블랙 스완'이라고 부르게 됐어.

코로나19 역시 블랙 스완에 해당해. 누구도 전 세계적으로 이렇게 전염성이 강한 바이러스가 발생하리라고 예측할 수 없었기 때문이지. 코로나19로 관광 문화 산업은 물론, 소비 시장도 얼어붙었고 세계적인 수입과 수출까지 멈춰 서면서 초대형 경제 피해를 가져왔지.

블랙 스완보다 더 위협적인 존재인 '네온 스완(빛나는 백조)'도 있어. 네온 스완은 백조가 스스로 빛을 내는 것처럼 상식적으로 절대 발생하지 않을 위험한 상황이 벌어지는 것을 의미해.

예측 난이도

어려움

경제 위기의 조짐, 화이트 스완과 그레이 스완

'화이트 스완(하얀 백조)'은 예측할 수 있는 위기를 가리키는 말이야. 화이트 스완이라는 용어를 처음 사용한 미국 뉴욕대 누리엘 루비니 교수는 경제 위기가 다가올 때마다 비슷한 징후가 나타난다고 했어. 은행에 빚이 지나치게 많이 쌓이거나 정부의 관리 감독이 느슨해지면 경제 위기가 벌어지기 쉽다는 거지.

검은색과 흰색의 중간에 해당하는 '그레이 스완(회색 백조)'도 있어. 블랙 스완만큼 예측이 어렵거나 경제를 크게 뒤흔들 만큼의 위협은 아니지만, 마땅한 해결책이 없는 경우이지.

대표적으로 국제 기름값 상승을 꼽을 수 있어. 기름값이 오르면 공장을 가동하거나 자동차를 유지하는 데 필요한 금액이 커져 기업이나 개인의 경제 활동도 줄어들 거야. 하지만 그렇다고 해서 당장 기름값을 낮출 방도가 없으니 해결책을 찾기가 쉽지 않지.

쉬움